上海市工程建设规范

道路桥梁和隧道结构安全保护技术标准

Technical standard for safety protection of road bridges and tunnels

DG/TJ 08—2455—2024
J 17691—2024

主编单位：上海市交通委员会
　　　　　上海城投公路投资(集团)有限公司
批准部门：上海市住房和城乡建设管理委员会
施行日期：2024 年 12 月 1 日

同济大学出版社

2024 上海

图书在版编目(CIP)数据

道路桥梁和隧道结构安全保护技术标准/上海市交通委员会,上海城投公路投资(集团)有限公司主编. 上海:同济大学出版社,2024.11. -- ISBN 978-7-5765-1372-1

Ⅰ.U41-65;U44-65;U45-65

中国国家版本馆 CIP 数据核字第 2024DZ8065 号

道路桥梁和隧道结构安全保护技术标准

上海市交通委员会
上海城投公路投资(集团)有限公司 主编

责任编辑　朱　勇
责任校对　徐春莲
封面设计　陈益平

出版发行	同济大学出版社　www.tongjipress.com.cn
	(地址:上海市四平路 1239 号　邮编:200092　电话:021-65985622)
经　　销	全国各地新华书店
印　　刷	浦江求真印务有限公司
开　　本	889mm×1194mm　1/32
印　　张	4.125
字　　数	103 000
版　　次	2024 年 11 月第 1 版
印　　次	2024 年 11 月第 1 次印刷
书　　号	ISBN 978-7-5765-1372-1
定　　价	50.00 元

本书若有印装质量问题,请向本社发行部调换　　版权所有　侵权必究

上海市住房和城乡建设管理委员会文件

沪建标定〔2024〕330 号

上海市住房和城乡建设管理委员会关于批准《道路桥梁和隧道结构安全保护技术标准》为上海市工程建设规范的通知

各有关单位：

由上海市交通委员会、上海城投公路投资（集团）有限公司主编的《道路桥梁和隧道结构安全保护技术标准》，经我委审核，现批准为上海市工程建设规范，统一编号为 DG/TJ 08—2455—2024，自 2024 年 12 月 1 日起实施。

本标准由上海市住房和城乡建设管理委员会负责管理，上海市交通委员会负责解释。

上海市住房和城乡建设管理委员会
2024 年 7 月 2 日

前　言

根据上海市住房和城乡建设管理委员会《关于印发〈2022年度上海市工程建设规范和标准设计编制计划〉的通知》（沪建交〔2021〕829号）的要求，上海市交通委员会和上海城投公路投资（集团）有限公司会同有关单位开展编制工作。标准编制组经广泛地调查研究，认真总结实践经验，并参照国内外相关标准和规范，在反复征求意见的基础上，制定本标准。

本标准主要内容有：总则；术语和符号；基本规定；安全评估；外部基坑工程；外部隧道工程；外部地基基础工程；外部堆卸载作业；外部其他工程；结构监护；结构监测；结构安全保护数字化。

各单位及相关人员在执行本标准过程中，如有意见和建议，请反馈至上海市交通委员会（地址：上海市世博村路300号1号楼；邮编：200125；E-mail：shjtbiaozhun@126.com），上海城投公路投资（集团）有限公司（地址：上海市哈密路99号；邮编：200335；E-mail：jsbctyj@163.com），上海市建筑建材业市场管理总站（地址：上海市小木桥路683号；邮编：200032；E-mail：shgcbz@163.com），以供今后修订时参考。

主 编 单 位：上海市交通委员会
　　　　　　上海城投公路投资（集团）有限公司
参 编 单 位：上海市道路运输事业发展中心
　　　　　　上海市政工程设计研究总院（集团）有限公司
　　　　　　上海市城市建设设计研究总院（集团）有限公司
　　　　　　上海城建职业学院
　　　　　　上海勘察设计研究院（集团）股份有限公司
　　　　　　上海城建城市运营（集团）有限公司

上海市建筑科学研究院有限公司
主要起草人员：周晓青　姜海西　刘兆吉　宗军良　饶　倩
　　　　　　　　黄天荣　叶　青　温竹茵　李雪峰　杨瑞华
　　　　　　　　郭春生　苏东华　赵荣欣　张列学　高卫平
　　　　　　　　姚　坚　周理含　池　瑜　刘　念　王红梅
　　　　　　　　宋文涛　朱俊易　吴华勇　颜轶航　邱俊男
　　　　　　　　张玉富　王文东　谭长建　卫张震
主要审查人员：袁　勇　刘钧伟　李　俊　杨志豪　熊福文
　　　　　　　　马晓刚　顾顺利

上海市建筑建材业市场管理总站

目　次

1 总　则 ·· 1
2 术语和符号 ·· 2
　2.1 术　语 ·· 2
　2.2 符　号 ·· 3
3 基本规定 ·· 4
　3.1 一般规定 ·· 4
　3.2 限制性施工作业 ··· 4
　3.3 安全保护区域 ·· 5
　3.4 结构安全控制指标 ····································· 7
　3.5 安全保护技术规定 ····································· 8
4 安全评估 ·· 9
　4.1 一般规定 ·· 9
　4.2 作业前评估 ·· 9
　4.3 过程评估 ·· 10
　4.4 作业后评估 ·· 11
5 外部基坑工程 ··· 13
　5.1 一般规定 ·· 13
　5.2 设计技术要求 ·· 14
　5.3 施工技术要求 ·· 14
　5.4 基坑降水作业 ·· 15
6 外部隧道工程 ··· 17
　6.1 一般规定 ·· 17
　6.2 设计技术要求 ·· 17
　6.3 施工技术要求 ·· 18

7 外部地基基础工程 …………………………………………………… 20
  7.1 一般规定 ………………………………………………………… 20
  7.2 设计技术要求 …………………………………………………… 20
  7.3 施工技术要求 …………………………………………………… 21
8 外部堆卸载作业 ……………………………………………………… 22
  8.1 一般规定 ………………………………………………………… 22
  8.2 设计技术要求 …………………………………………………… 22
  8.3 施工技术要求 …………………………………………………… 22
9 外部其他工程 ………………………………………………………… 24
  9.1 一般规定 ………………………………………………………… 24
  9.2 设计技术要求 …………………………………………………… 24
  9.3 施工技术要求 …………………………………………………… 25
10 结构监护 …………………………………………………………… 27
  10.1 一般规定 ……………………………………………………… 27
  10.2 监护检查 ……………………………………………………… 27
  10.3 信息报送 ……………………………………………………… 28
11 结构监测 …………………………………………………………… 29
  11.1 一般规定 ……………………………………………………… 29
  11.2 监测项目 ……………………………………………………… 30
  11.3 监测频率 ……………………………………………………… 30
  11.4 监测预警 ……………………………………………………… 31
12 结构安全保护数字化 ……………………………………………… 32
  12.1 一般规定 ……………………………………………………… 32
  12.2 平台功能模块 ………………………………………………… 32
  12.3 安全数字化管控 ……………………………………………… 33

附录A 道路桥梁和隧道结构安全保护等级(外部基坑工程)
  …………………………………………………………………… 34

附录B 道路桥梁和隧道结构安全保护等级(外部隧道工程)
  …………………………………………………………………… 36

附录 C	道路桥梁和隧道结构安全保护等级(外部地基处理与浅基础) ………………………………………… 40
附录 D	道路桥梁和隧道结构安全保护等级(外部桩基础) ……………………………………………………… 43
附录 E	道路桥梁和隧道结构安全保护等级(外部堆卸载作业) ………………………………………………… 45
附录 F	道路桥梁和隧道结构安全保护等级(外部其他工程) …………………………………………………… 47
附录 G	道路桥梁和隧道结构变形预警值 …………… 49
附录 H	安全评估要求内容 …………………………… 51
附录 J	安全评估报告框架 …………………………… 53
附录 K	道路桥梁和隧道应急检测方案和报告要求 … 55
附录 L	监护检查记录表格 …………………………… 56
附录 M	结构检查要点和仪器设备 …………………… 57
附录 N	监护项目实施全过程监护频率 ……………… 59
附录 P	结构监护报告要求 …………………………… 61
附录 Q	监测项目实施全过程监测频率 ……………… 62
附录 R	道路桥梁和隧道结构安全监测范围 ………… 67
附录 S	道路桥梁和隧道结构安全监测项目 ………… 70
附录 T	道路桥梁和隧道结构监测点布设 …………… 71
附录 U	数字化监管关键数据 ………………………… 73
本标准用词说明	……………………………………………… 75
引用标准名录	………………………………………………… 76
条文说明	……………………………………………………… 77

Contents

1 General provisions 1
2 Terminology and symbols 2
   2.1 Terminology 2
   2.2 Symbols 3
3 Basic regulations 4
   3.1 General provisions 4
   3.2 Restrictive construction behavior 4
   3.3 Security protection area 5
   3.4 Control index for structural safety 7
   3.5 Safety protection technical regulations 8
4 Safety assassement 9
   4.1 General provisions 9
   4.2 Pre-assignment evaluation 9
   4.3 Process evaluation 10
   4.4 Post assignment evaluation 11
5 External foundation pit 13
   5.1 General provisions 13
   5.2 Design technical requirements 14
   5.3 Construction technical requirements 14
   5.4 Excavation dewatering operation 15
6 External tunnel engineering 17
   6.1 General provisions 17
   6.2 Design technical requirements 17
   6.3 Construction technical requirements 18

7	External foundation engineering	20
	7.1 General provisions	20
	7.2 Design technical requirements	20
	7.3 Construction technical requirements	21
8	External heap unloading job	22
	8.1 General provisions	22
	8.2 Design technical requirements	22
	8.3 Construction technical requirements	22
9	Other external engineering	24
	9.1 General provisions	24
	9.2 Design technical requirements	24
	9.3 Construction technical requirements	25
10	Structural safeguard	27
	10.1 General provisions	27
	10.2 Safeguard and inspection	27
	10.3 Information submission	28
11	Structural monitoring	29
	11.1 General provisions	29
	11.2 Monitoring items	30
	11.3 Monitoring frequency	30
	11.4 Monitoring and early warning	31
12	Digitalization of structural safety protection	32
	12.1 General provisions	32
	12.2 Platform function module	32
	12.3 Digital control of bridge and tunnel structure safety	33
Appendix A	Safety protection classification for road bridges and tunnels (external foundation pit)	34

Appendix B	Safety protection classification for road bridges and tunnels (external tunnel engineering)	36
Appendix C	Safety protection classification for road bridges and tunnels (external foundation treatment and shallow foundation)	40
Appendix D	Safety protection classification for road bridges and tunnels (external pile foundation engineering)	43
Appendix E	Safety protection classification for road bridges and tunnels (external heap unloading job)	45
Appendix F	Safety protection classification for road bridges and tunnels (external other engineering)	47
Appendix G	Warning values for deformation of road bridge and tunnel structures	49
Appendix H	Safety assessment requirements	51
Appendix J	Security assessment report framework	53
Appendix K	Emergency detection plan and report requirements for roads bridges and tunnels	55
Appendix L	Monitoring inspection record form	56
Appendix M	Key points for structural inspection and instrument equipment	57
Appendix N	Monitoring frequency throughout the entire process of monitoring project implementation	59
Appendix P	Structural monitoring report requirements	61
Appendix Q	Monitoring project implementation full process monitoring frequency	62

Appendix R Scope of safety monitoring for road bridge
            and tunnel structures ························· 67
Appendix S Safety monitoring items for road bridge and
            tunnel structures ····································· 70
Appendix T Layout of monitoring points for road bridge and
            tunnel structures ····································· 71
Appendix U Key data for digital supervision ···················· 73
Explanation of wording in this standard ························ 75
List of quoted standards ··· 76
Explanation of provisions ·· 77

1 总　则

1.0.1 为规范本市道路桥梁和隧道安全保护区域内的限制性施工作业，保障道路桥梁和隧道结构安全，制定本标准。

1.0.2 本标准适用于本市已通车和结构已完成但未通车的道路桥梁和隧道结构安全保护。

1.0.3 在道路桥梁和隧道安全保护区域进行限制性施工作业时，应根据工程地质与水文地质条件、道路桥梁和隧道结构类型和安全状况、作业特点、周边环境和工程经验等因素，制定安全可靠的作业方案和保护措施，并加强过程控制和监测。

1.0.4 道路桥梁和隧道安全保护区域内的限制性施工作业，除应符合本标准外，尚应符合国家、行业和本市现行有关标准的规定。

2 术语和符号

2.1 术 语

2.1.1 道路桥梁和隧道 road bridge and tunnel

连接城市道路、公路，供机动车、非机动车及行人通行的水上、陆上以及地下通道设施，包括城市道路以及公路的桥梁和隧道。

2.1.2 限制性施工作业 restrictive construction behavior

在道路桥梁和隧道的安全保护区域内从事河道疏浚、河道挖掘、建筑打桩、地下管道顶推、爆破、道路或基坑开挖、大面积堆载、卸载、基坑降水以及其他可能影响道路桥梁和隧道结构安全的作业行为。

2.1.3 安全保护区域 security protection area

为保护道路桥梁和隧道结构的安全和正常使用，在其周边范围内设置的控制和保护区域。

2.1.4 结构安全控制指标 control index for structural safety

根据道路桥梁和隧道结构的安全保护要求及限制性施工作业对结构的影响特征，规定保护结构安全的控制指标。

2.1.5 外部工程 external engineering

在道路桥梁和隧道安全保护区内实施的工程，包括基坑工程、隧道工程、地基基础工程、堆卸载作业的工程活动。

2.1.6 外部其他工程 other external engineering

在道路桥梁和隧道安全保护区内实施的爆破（振动）、水中疏浚、抛填以及第2.1.5条以外的工程。

2.1.7 基坑降水 dewatering

为保证基坑施工安全和工程质量，采取一定的工程措施降低地下水位或水头压力,满足建设工程降水范围、深度等要求的工程活动。

2.1.8 结构监护 structure safeguard

根据道路桥梁和隧道结构的安全保护要求及外部限制性施工作业对结构的影响特征,为保障结构安全进行的巡视、检查等相关工作。

2.2 符 号

D_1——地下结构外径或宽度(m);
D_2——外部施工隧道外径(m);
D_3——隧道结构盾构段的隧道外径或宽度,矩形盾构时为长边宽度(m);
H——道路桥梁和隧道基坑开挖深度(m)。

3 基本规定

3.1 一般规定

3.1.1 需要保护的道路桥梁和隧道结构应包括下列内容：
    1 城市道路与公路桥梁主体结构。
    2 城市道路与公路隧道主体结构。
    3 桥梁附属结构，包括桥面系、伸缩缝、桥头搭板和锥形护坡等。
    4 隧道附属结构，包括逃生通道、装饰层、交通安全设施、排水设施、光过渡建筑、消防设施、管理用房等。

3.1.2 限制性施工作业不得影响道路桥梁和隧道运营安全及结构的正常使用功能、承载能力、耐久性和其他特殊功能。在道路桥梁和隧道结构安全保护区域内进行限制性施工作业前，应制定安全可靠的作业方案、保护措施和应急预案。

3.1.3 限制性施工作业实施前，应根据道路桥梁和隧道结构类型、限制性施工作业特点以及与道路桥梁和隧道结构的距离确定道路桥梁和隧道结构安全保护等级。除爆破、疏浚作业均为一级外，其他限制性施工作业分为一级、二级、三级和四级共4个道路桥梁和隧道安全保护等级，按本标准附录A～附录F确定。

3.2 限制性施工作业

3.2.1 安全保护区域内的限制性施工作业应包含下列类别：
    1 外部基坑工程。

2 外部隧道工程。

3 外部地基基础工程。

4 外部堆卸载作业(平均荷重超过 20 kN/m^2)。

5 爆破(振动)作业。

6 水中疏浚、抛填等作业。

7 其他影响道路桥梁和隧道结构安全的作业。

3.2.2 外部基坑工程安全等级与环境保护等级应符合现行上海工程建设规范《基坑工程技术标准》DG/TJ 08—61 的有关规定。

3.2.3 桩基工程根据成(沉)桩方法可分为挤土桩和非挤土桩,安全保护区域内不宜使用挤土桩。

3.3 安全保护区域

3.3.1 道路桥梁和隧道安全保护区域的设置范围应根据工程地质和水文地质条件、结构安全状况、限制性施工作业影响程度等因素划定,并应符合表 3.3.1-1、表 3.3.1-2 的规定。

表 3.3.1-1 道路桥梁安全保护区域

序号	作业类型	安全保护区域(m)		
		作业分类 \ 桥梁分类	特大桥、大桥	中桥、小桥、涵洞
1	外部基坑工程	一级基坑	75	55
		二级基坑	65	50
		三级基坑	55	45
2	外部隧道工程	工作井按照外部基坑工程考虑,盾构段按照挤土桩考虑		

续表3.3.1-1

序号	作业类型	安全保护区域(m)		
3	外部地基基础工程	作业分类 \ 桥梁分类	特大桥、大桥	中桥、小桥、涵洞
		挤土桩	80	50
		非挤土桩	40	25
		地基处理	按挤土桩考虑或专门论证综合确定	
4	外部堆卸载作业	桥梁垂直投影面周边50 m范围		
5	爆破(振动)作业	桥梁周围200 m范围		
6	水中疏浚、抛填作业等	桥梁跨越的河道上下游(桥梁外边线两侧)各30 m范围		

表3.3.1-2 道路隧道安全保护区域

序号	作业类型	安全保护区域(m)		
1	外部基坑工程	作业分类 \ 隧道分类	超长隧道、特长隧道、长隧道	中隧道、短隧道
		一级基坑	60	55
		二级基坑	55	50
		三级基坑	50	45
2	外部地基基础工程	作业分类 \ 隧道分类	超长隧道、特长隧道、长隧道	中隧道、短隧道
		挤土桩	70	60
		非挤土桩	35	30
		地基处理	按挤土桩考虑或专门论证综合确定	
3	外部堆卸载作业	隧道外边线两侧及隧道边线上方各70 m范围		

续表3.3.1-2

序号	作业类型	安全保护区域(m)
4	爆破作业	隧道上方、上方中心线两侧和隧道洞口外100 m范围
5	水中疏浚、抛填作业等	隧道结构外边线两侧各100 m范围

注:1. 表中有关定义可按照现行上海市工程建设规范《道路隧道设计标准》DG/TJ 08—2033执行。
2. 对列为上海市近代优秀保护建筑或文物的桥梁以及高架桥梁,应按大桥划定保护区域。
3. 城市桥梁分类依据为现行行业标准《城市桥梁设计规范》CJJ 11,城市隧道分类依据为现行上海市工程建设规范《道路隧道设计标准》DG/TJ 08—2033,公路桥梁隧道分类依据为现行行业标准《公路工程技术标准》JTG B01。
4. 安全保护区域从结构外边线起算。

3.3.2 除城市重大建设项目以及与道路桥梁和隧道正常运营密切相关的项目外,在道路桥梁和隧道结构外边线3 m范围内不应进行限制性施工作业。

3.3.3 道路桥梁和隧道不同期建设时,后建工程对既有道路桥梁和隧道结构的安全保护应按本标准规定的安全保护区域执行。

3.4 结构安全控制指标

3.4.1 结构安全控制指标应结合道路桥梁和隧道结构类型、结构安全状态、限制性施工作业对道路桥梁和隧道结构的影响特征及其安全保护要求合理选用。

3.4.2 道路桥梁隧道结构变形预警值宜按设计要求执行,设计无要求时可按本标准附录G执行,特殊情况时应通过专项论证确定。

3.4.3 当道路桥梁和隧道安全保护区域内有如下情形之一时,应提高安全保护等级,并制定相匹配的安全保护措施:

1 特殊的工程地质与水文地质。
2 特殊的限制性施工作业。
3 道路桥梁和隧道为低等级状态。
4 历史保护桥梁。
5 道路桥梁和隧道主管部门要求。

3.5 安全保护技术规定

3.5.1 在道路桥梁和隧道安全保护区域内从事限制性施工作业行为前,应根据保护对象的性质、施工影响程度及安全保护等级,开展道路桥梁和隧道结构安全作业前评估。

3.5.2 限制性施工作业前,应根据结构类型、项目规模及影响大小等确定监护和监测的频率、方式、方法与工作内容。

3.5.3 限制性施工作业前,应事先对道路桥梁和隧道结构布置监测点并完成初始观测,以确保满足实施过程以及后评估的要求。

3.5.4 限制性施工作业建设单位应委托具有相应资质的专业单位对桥梁隧道结构进行监测与监护,作业实施期间应对道路桥梁和隧道安全状态的实时监测,一旦有异常应根据应急预案采取必要的措施。

3.5.5 限制性施工作业实施后,应出具道路桥梁和隧道结构安全性评估报告,并根据报告意见采取必要的措施。

4 安全评估

4.1 一般规定

4.1.1 安全评估宜贯穿于限制性施工作业的事前、事中和事后全过程多阶段,主要包括作业前评估、作业后评估以及必要的过程评估。

4.1.2 作业前评估可包括道路桥梁和隧道结构的现状评估和限制性施工作业影响预评估等;作业后评估可包括限制性施工作业后道路桥梁和隧道结构评估等。

4.1.3 施工过程中,若道路桥梁和隧道结构变形达到预警值或出现其他可能危及结构安全现象,应进行过程评估。

4.1.4 安全评估应形成专项评估报告,安全评估内容应符合本标准附录H的要求,安全评估报告应包括本标准附录J的相关内容。

4.1.5 限制性施工作业应按照现行行业标准《建筑施工安全检查标准》JGJ 59、现行上海市工程建设规范《危险性较大的分部分项工程安全管理标准》DG/TJ 08—2077等国家和地方安全管理规定,制定道路桥梁和隧道安全保护专项方案,方案应包括限制性施工作业影响预评估、限制性施工作业专项方案及保护措施、监测方案及应急预案等。

4.2 作业前评估

4.2.1 限制性施工作业实施前,应搜集下列资料:
1 工程地质和水文地质资料。
2 需要保护的道路桥梁和隧道结构资料,如竣工档案设计图纸、安全保护区域结构现场确认情况及检测报告、桥梁隧道结构现状评估报告等,掌握道路桥梁和隧道结构既有病害情况、安全状况和保护要求。

3 限制性施工作业影响范围以及道路桥梁和隧道安全保护区域的周边环境资料,包括邻近建(构)筑物、地下管线、道路桥梁和隧道安全保护区内时空相近的多项限制性施工作业等。

4.2.2 限制性施工作业前,应根据现行上海市工程建设规范《盾构法隧道结构服役性能鉴定规范》DG/TJ 08—2123、现行行业标准《城市桥梁检测与评定技术规范》CJJ/T 233 及《公路桥梁技术状况评定标准》JTG/T H21 等评估当前道路桥梁和隧道结构的安全状况、持续抗变形能力和承载能力,对限制性施工作业所引起的附加影响与道路桥梁和隧道当前运行状态叠加后的状态进行重点分析,提出相应的结构安全控制指标,并评估其可行性。

4.2.3 限制性施工作业前,应针对限制性施工作业可能引发的各类风险事件开展风险评估和应急资源调查,按照桥梁隧道规模及限制性施工作业特点,编制有针对性的专项应急预案。应急预案编制应符合现行国家标准《生产经营单位生产安全事故应急预案编制导则》GB/T 29639、现行上海市工程建设规范《建筑施工现场应急预案编制规程》DG/TJ 08—2211 等的有关规定。

4.2.4 道路桥梁和隧道安全保护专项方案应经论证通过后方可实施。

4.2.5 道路桥梁和隧道安全保护区域内时空相近的多项限制性施工作业,应综合考虑其对既有结构产生的叠加影响。

4.3 过程评估

4.3.1 限制性施工作业实施时应注重监测数据分析,结合道路桥梁和隧道结构安全控制指标加强超前预测,对限制性施工作业实行施工过程的动态监控。

4.3.2 限制性施工作业的监测与监护工作，不得影响道路桥梁和隧道的正常运营及养护运维工作。

4.3.3 限制性施工作业实施过程中出现下列情况之一时，应立即组织专家论证，根据论证结论适时启动应急预案，开展应急检测工作，实施过程评估：

    1 监测数据达到或超过结构变形预警值。

    2 道路桥梁和隧道结构原有病害出现较快发展或出现新增病害。

    3 可能危及道路桥梁和隧道结构运营安全的其他情形。

4.3.4 应急检测的内容应具有针对性，能为突发事件应急处置决策提供可靠依据，并根据初步检测结果确定桥梁、隧道及周边建筑物的后续安全监测内容及重点。

4.3.5 道路桥梁和隧道结构应急检测应包含下列内容：

    1 突发事件导致的结构缺损状况检测、分析诊断，并对结构整体性能、功能状况进行评估。

    2 突发事件对桥梁隧道及其周边区域通行能力和正常使用功能的影响评估。

    3 保障桥梁隧道结构安全和通行安全的措施及建议。

4.3.6 应急检测报告应遵循信息真实、分析可靠、结论准确以及快速报送原则，报告应包括本标准附录K的相关内容。

4.3.7 应急检测应初步判定应急事件对道路桥梁和隧道的持续性影响。当桥隧和隧道存在较大安全隐患且应急抢修需要相对较长时间时，应对影响范围内的道路桥梁和隧道同步开展安全监测和采取避免事态进一步发展的临时措施。

4.4 作业后评估

4.4.1 受限制性施工作业影响的既有结构区段，在限制性施工作业完工且满足跟踪监测期要求,对道路桥梁和隧道结构的影响稳定后,开展事后调查和分析。

4.4.2 事后评估应在开展道路桥梁和隧道结构安全状态调查的基础上,结合安全保护等级、道路桥梁和隧道结构安全病害检测结果对结构安全状态、结构安全控制指标以及继续承载能力与抗变形能力等进行评价并形成后评估报告。

4.4.3 对于因限制性施工作业导致的道路桥梁和隧道结构安全病害,应根据后评估报告编制相应维修与加固方案。

5 外部基坑工程

5.1 一般规定

5.1.1 外部基坑工程设计与施工应综合考虑围护结构、土体加固、降水、土方开挖、支撑方案、回填等限制性施工作业对道路桥梁和隧道结构的不利影响。

5.1.2 道路桥梁和隧道安全保护区域的基坑（槽）作业，应符合下列规定：

1 既有结构安全保护等级为一级、二级时，基坑应采用整体稳定性好、结构刚度较大的支护体系。若存在较厚软弱土层，宜采用地下连续墙。

2 基坑的拆换撑应采取安全可靠的作业方案，避免道路桥梁和隧道结构发生过大的侧向变形。

3 基坑的不同部位可采用不同的道路桥梁和隧道结构安全保护等级，相邻部位的等级级差不应超过一级，并应有可靠的延伸过渡。

5.1.3 对于道路桥梁和隧道结构安全保护等级为一级、二级且平面尺寸较大的基坑，应通过分坑措施控制单体基坑的平面尺寸，并综合考虑各单体基坑影响的叠加效应，制定单体基坑的施工时间及次序。

5.1.4 外部基坑工程同时具有旁侧基坑和上方基坑的属性时，宜通过分坑措施将整体基坑分为旁侧基坑和上方基坑。

5.1.5 上方基坑坑底与地下结构顶部的竖向净距不宜小于 $0.5D_1$（D_1 为地下结构外径或宽度），且不应小于 3 m；同时，开挖卸载比不宜大于 0.5。

5.1.6 基坑工程的出入口及施工道路宜远离道路桥梁和隧道结构布置。

5.2 设计技术要求

5.2.1 应根据现行上海市工程建设规范《基坑工程技术标准》DG/TJ 08—61 验算基坑(槽)施工过程中整体稳定性、基坑突涌稳定性、隧道抗浮安全等各项稳定性。

5.2.2 道路桥梁和隧道结构安全保护等级为一级、二级时,旁侧基坑支护设计应符合下列规定:

    1 作用于围护结构的侧向土压力宜采用静止土压力。

    2 基坑开挖深度超过 15 m 时,围护结构宜采用地下连续墙。

    3 钢支撑应设置伺服轴力自动补偿系统。

5.2.3 道路隧道结构上方基坑工程应符合下列规定:

    1 隧道结构上方的基坑工程,应控制隧道结构上方的覆土厚度,覆土厚度应通过安全评估确定。

    2 单体基坑沿既有隧道结构纵向的长度不应超过地下结构顶部埋深。

    3 当采取地基土体加固措施时,应减少扰动隧道结构周边原状土体,土体加固与隧道结构的竖向净距不宜小于 2 m。

5.3 施工技术要求

5.3.1 基坑土方开挖及地下结构施工应符合下列规定:

    1 应实行数字化施工。

    2 土方开挖应遵循"分层、分段、分块、对称、平衡、限时、先撑后挖、随挖随撑"的原则,减少暴露时间。

    3 应严格控制施工分段交接处的土体高度和坡度,保持其稳定性,必要时对交接处的土体采取加固措施。

4 基坑开挖至设计高程,应及时浇筑底板结构。

5 道路桥梁和隧道结构安全保护等级为一级、二级时,邻近道路桥梁和隧道结构侧的主体结构基础混凝土应延伸至围护结构,混凝土支撑拆除应采用静力切割措施,围护结构与地下结构外墙之间的空隙宜采用素混凝土回填密实。

6 道路桥梁和隧道结构安全保护等级为三级时,围护结构与地下结构外墙之间的空隙宜采用水泥土或中粗砂回填密实,不得采用杂填土、建筑垃圾等性质较差或不稳定的材料。

5.3.2 道路桥梁和隧道结构周边进行基坑围护结构、截水帷幕和地基加固等施工,应根据环境影响最小的原则,通过试成桩(墙)确定施工设备、施工工艺及施工参数,合理选择各种工艺的施工次序,严格控制施工参数。

5.3.3 施工设备选用应考虑道路桥梁的净空要求,施工期间应做好安全警示工作,严禁施工设备碰撞道路桥梁。

5.3.4 基坑(槽)支护及临时结构拆除作业应采用冲击、振动小的作业方案,减小振动对道路桥梁和隧道结构的影响。

5.3.5 道路桥梁和隧道与基坑(槽)之间涉及有堆载、大型机械设备等改变地面荷载的活动,作业前应验算此外部活动引起的附加荷载及变形对道路桥梁和隧道结构的影响。

5.3.6 基坑(槽)施工期间应保证地下水位稳定,应采取封闭式止水措施。如止水措施无法封闭,需进行开放式降水时,应符合本标准第 5.4 节的规定。

5.3.7 应加强对基坑(槽)稳定性及变形的监测,防止出现其自身支护结构破坏、土体失稳或变位过大等情况。

5.4 基坑降水作业

5.4.1 道路桥梁和隧道安全保护区内的基坑降水作业,应采取措施避免既有结构周边地层发生流土、管涌等渗流破坏。

5.4.2 基坑降水作业前,应预测水位变化对道路桥梁和隧道结构的变形和沉降影响,并应结合工程地质和水文地质条件、降水要求、道路桥梁和隧道结构状况综合采用合适的截水、排水、降水或回灌等措施。

5.4.3 基坑降水作业过程应控制既有结构周边水位变化幅度,并应监测水位变化幅度和既有结构位移发展。

5.4.4 道路桥梁和隧道结构安全保护等级为一级、二级的基坑降水作业宜形成封闭的截水系统,并应采取预降水检验截水帷幕封闭可靠性。当采用落底式竖向止水帷幕难以形成有效的封闭截水系统时,宜采用悬挂式竖向止水帷幕与水平封底隔渗相结合的地下水控制措施。

5.4.5 承压水降水作业时,应采取措施减小既有结构处的承压水头损失,必要时可采用隔断承压含水层或回灌措施。

6 外部隧道工程

6.1 一般规定

6.1.1 外部隧道工程设计与施工应综合考虑施工过程土体应力状态变化、地层土体损失、工后变形等因素对既有道路桥梁和隧道结构的影响。

6.1.2 外部隧道工程的结构安全性、耐久性、可靠性等不应低于被穿越的既有结构标准,并应采取相应的先进技术进行跟踪竣工测量,准确获取穿越工程竣工后的空间位置,运营阶段应建立长效监护机制。

6.1.3 道路桥梁和隧道安全保护区域内进行暗挖作业时,暗挖作业与道路桥梁、隧道距离应满足安全距离要求,并在穿越施工中,应对靠近穿越段的既有结构进行实时监测。当遇有不良地质情况时,应采取有效措施消除不良地层对道路桥梁和隧道的影响。当隧道位于含水砂层及软弱土等不良地层时,外部隧道与既有结构间可采取隔离桩、注浆加固等防护措施。

6.2 设计技术要求

6.2.1 外部隧道穿越道路桥梁和隧道结构的线路设计,宜采用直线或大半径曲率线型,同时宜采用垂直或大角度方式穿越既有结构,并应避免或减小与道路桥梁和隧道结构处于长距离平行或接近平行状态。

6.2.2 外部隧道工程采用盾构法或顶管法施工时,穿越影响范围内盾构隧道管片或顶管隧道管节上宜增设注浆孔、剪力销等措施。

6.2.3 盾构法隧道穿越既有盾构法或顶管法地下结构时,应根据工程地质条件、埋深、盾构类型等因素优化隧道纵断面设计,外部盾构隧道与并行隧道的净距不宜小于 $1.0D_2$(D_2 指外部施工隧道外径),与上方被穿越隧道的净距不宜小于 $0.5D_2$,与下方被穿越隧道的净距不宜小于 3 m,且应满足整体抗浮要求。条件允许时,宜选择从既有结构上方穿越。当外部条件限制不能满足上述要求时,应采取必要的技术措施。

6.2.4 盾构法隧道穿越既有明挖隧道时,应严格控制隧道与既有明挖隧道的净距,竖向净距不宜小于 3.0 m,水平净距不宜小于 2.0 m,且应优化盾构线路的平、纵线型,避免盾构机切屑钢筋混凝土结构。

6.2.5 盾构法隧道穿越桥梁时应严格控制隧道与既有桥梁桩基的净距,净距不宜小于 3.0 m。当外部条件不满足上述要求时,应采取必要的技术措施。

6.3 施工技术要求

6.3.1 道路桥梁和隧道安全保护区内外部隧道工程施工前,应进行试验段施工并确定施工工艺和施工参数,试验段长度不宜少于 50 环。

6.3.2 盾构、顶管设备选型应综合考虑工程地质和水文地质条件、施工扰动范围、道路桥梁和隧道结构状况等因素。

6.3.3 外部隧道工程采用盾构法施工时,应遵循微扰动掘进的原则,并符合下列规定:

  1 施工前,应做好盾构机的检查保养。推进时应保持稳定姿态,不应在道路桥梁和隧道安全保护区内进行换刀、停机、姿态大幅度调整等作业。

  2 应控制土舱或泥水舱压力,保证盾构出土平衡。

3 同步注浆应遵循多点同时压注、适时适量注浆原则,注浆压力与地层压力应保持相对平衡;浆液配比应根据地层特点及工程经验选取,浆液的早期强度可根据需要适当提高。

4 应根据地层性质、地面荷载、允许变形速率和变形值、盾构掘进参数等情况确定是否进行二次注浆以及注浆方案。

5 外部隧道处于复杂地层或曲率半径较小时,管片环间宜设置剪力销,增加隧道结构刚度。

6 外部隧道施工时,应控制施工引起的地层变形。道路桥梁和隧道结构安全保护等级为三级、四级时,外部盾构隧道施工引起的地层损失率不宜大于 0.5%;道路桥梁和隧道结构安全保护等级为一级、二级时,地层损失率不宜大于 0.3%。

7 工作井的基坑方案尚应满足本标准第 5 章的要求。

6.3.4 外部隧道工程采用顶管法施工时,应遵循微扰动掘进的原则,并符合下列规定:

1 顶管施工应严格控制顶管各项施工参数,顶进过程应保证管道接头密封。

2 顶管施工过程应通过顶管掘进机尾部的压浆孔进行跟踪注浆,压浆时应先压后顶,顶管结束宜用水泥浆套进行固化。

3 工作井的基坑方案尚应满足本标准第 5 章的要求。

7 外部地基基础工程

7.1 一般规定

7.1.1 在道路桥梁和隧道安全保护区域进行外部地基基础工程，不宜采用挤土效应大或振动大的施工方案。

7.1.2 道路桥梁和隧道结构安全保护等级为一级时，桩基工程不应采用有挤土效应的施工方案。

7.1.3 在道路桥梁和隧道安全保护区域内进行地基处理作业时，应选择对道路桥梁和隧道结构安全影响小的处理方式，不应采用强夯及振动较大的处理方式。

7.2 设计技术要求

7.2.1 浅基础应综合考虑下列因素对道路桥梁和隧道结构安全的不利影响：

1 基底压力、基础侧向压力等引起的结构受力状态变化。

2 施工及长期使用期间的地基变形引起的结构附加应力及变形。

7.2.2 桩基础设计与施工应综合考虑下列因素对道路桥梁和隧道结构安全的不利影响：

1 桩基工程引起的隧道结构附加应力及变形。

2 桩基工程引起的桥梁基础的附加沉降。

3 底部土体压力、桩顶水平力、桩侧摩阻力和桩端阻力等引起的隧道结构、桥梁基础受力状态的变化。

4 桩基工程及长期使用期间的地基变形引起的隧道结构附

加应力及变形,引起的桥梁基础的附加沉降。

7.2.3 外部地基基础设计涉及多个项目影响时应进行耦合分析与计算。

7.3 施工技术要求

7.3.1 在道路桥梁和隧道安全保护区域内进行成桩作业时,应根据作业影响等级选择桩基施工设备,采用冲击、振动小的作业方案,不宜采用冲孔等对周围影响较大的施工方案。当采用钻孔和人工挖孔等作业方案时,应采取有效措施控制地层变形,确保孔壁稳定,减小对道路桥梁和隧道的影响。

7.3.2 成桩作业应符合下列规定:

1 桩位应进行复核。

2 正式施工前应进行试成桩,数量不少于3根。

3 成桩作业顺序应遵循先近后远、循序渐进的原则,间隔跳开施工,不宜大范围同步施工。

4 灌注桩距离道路桥梁和隧道结构较近时,宜采取减小桩径、钢套管护壁、增加泥浆比重、地基预加固等措施减少成桩施工影响。

7.3.3 在进行地基处理,当安全保护等级为一级时,不应进行基础注浆施工;当安全保护等级为二级时,应严格控制高压旋喷桩注浆压力,并应采取措施减小注浆压力对道路桥梁和隧道的影响,浆液引起隧道外壁的附加压力不应大于20 kPa。

7.3.4 在道路桥梁和隧道两侧均有地基处理时,宜对称施工。

8 外部堆卸载作业

8.1 一般规定

8.1.1 道路桥梁和隧道安全保护区域内的堆卸载限值应经评估确定,不应影响既有道路桥梁和隧道的结构安全。

8.1.2 桥梁下方区域不宜作为材料堆场。

8.1.3 隧道结构上方区域不应作为材料堆场,不宜设置基坑出土口或运输车道。

8.2 设计技术要求

8.2.1 堆卸载作业时,应验算对道路桥梁和隧道的受力、变形及位移的影响,应满足相应的结构安全和位移控制指标值。

8.2.2 堆卸载作业对既有道路隧道产生的影响限值应满足下列要求:
　　1 隧道结构附加隆沉量和水平位移量应小于 15 mm。
　　2 隧道结构局部变形的曲率半径应大于 12 000 m。

8.2.3 当道路桥梁和隧道安全保护区域内的堆载超过限值时,宜采用挤塑板、聚苯乙烯泡沫、轻质泡沫混凝土等轻质材料减轻新增荷重的方式,或者采用增设桩基的形式传递附加的荷重。

8.2.4 当采用聚苯乙烯泡沫等材料换填,且换填区域位于地下水位以上时,应对其排水系统进行专项设计。

8.3 施工技术要求

8.3.1 换填土施工时,应符合下列规定:

  1 应对堆卸载作业对道路桥梁和隧道结构的影响进行监控,同时应保证施工的安全。
  2 应分区、对称施工,开挖后应及时进行回填。
  3 开挖出的土方应随挖随运,应及时运出保护区范围。
8.3.2 基坑开挖时应及时封底,同时应采取措施减小底板强度形成期间基坑卸载对道路桥梁和隧道结构的影响。
8.3.3 堆卸载作业导致隧道两侧土压力不平衡时,应及时在隧道抬升侧采取反压措施纠偏。

9 外部其他工程

9.1 一般规定

9.1.1 外部道路、水中疏浚、抛填、跨线架空作业、爆破、地下管线及地质钻探等外部其他作业实施时,应对既有道路桥梁和隧道结构进行安全保护。

9.1.2 外部其他工程施工作业前,应根据工程特点、场址特征及保护要求等编制专项施工方案。

9.1.3 在道路桥梁和隧道安全保护区域内进行限制性施工作业时,应根据外部其他工程特点采取措施确保道路桥梁和隧道结构安全。

9.2 设计技术要求

9.2.1 外部道路设计应综合考虑下列因素对既有道路桥梁和隧道结构的影响:

   1 施工荷载引起的结构附加应力及变形。

   2 道路长期使用期间的地基变形引起的结构附加应力及变形。

9.2.2 在道路桥梁和隧道安全保护区域内进行水中疏浚、抛填作业时,应验算对桥梁和隧道结构的受力、变形及位移的影响,验算结果应满足相应的结构安全控制要求。

9.2.3 在既有桥梁上方进行跨线架空作业时,应满足相应的结构安全控制要求,并应符合国家现行相关标准的规定。

9.2.4 爆破作业时应制定技术方案、安全措施、应急预案和监控方案,并应符合现行国家标准《爆破安全规程》GB 6722 的有关规定。

9.2.5 当限制性施工作业影响隧道结构周围的水位变化时,应验算作用于隧道结构上的水土压力,并应验算隧道结构的受力、变形和位移变化。

9.3 施工技术要求

9.3.1 地下管线采用明挖法或顶管法施工工艺时,应按本标准第 5、6 章的相关要求执行;地下管线采用拖拉管施工工艺时,应严格控制导向钻孔轴线,施工结束后,产品管与回扩孔之间空隙应注浆充填饱满。

9.3.2 地下管线与道路桥梁和隧道结构存在交叉施工时,不宜采用拖拉管施工工艺。

9.3.3 道路桥梁和隧道安全保护区域内进行水中疏浚、抛填作业时,应符合下列规定:

1 作业期间应在周边水域设置明显的标识物。
2 应分段进行,严格控制疏浚厚度。
3 应采用对既有结构影响较小的设备作业。
4 不应破坏既有结构的防护设施。
5 疏浚作业产生的淤泥排放应远离桥梁、隧道的安全保护区域。
6 清淤范围和清淤厚度应按设计要求实施,并应按专项评估确定的工序作业,不应超挖。

9.3.4 道路桥梁和隧道安全保护区域内进行水中抛填作业时,应符合下列规定:

1 抛填物不应对桥梁或隧道结构产生直接冲击。
2 应控制抛填速度和抛填厚度,减小抛填对桥梁、隧道的影响。

9.3.5 在道路桥梁和隧道安全保护区域内从事江河疏浚作业和抛填作业时,应加强施工过程的结构安全监测。

9.3.6 在道路桥梁和隧道安全保护区域内进行地质钻探作业时,不应对既有结构造成损伤,同时应满足下列要求:

    1 采用套管进行护壁钻探。

    2 钻探完成后及时进行封孔处理。

9.3.7 爆破作业应符合下列规定:

    1 爆破所用炸药、膨胀剂管理应符合有关规范规定,且存放点应在道路桥梁和隧道安全保护区域之外。

    2 爆破作业前应进行试爆作业,对爆破震动进行监测,并根据试爆效果及监测信息优化爆破作业。

    3 在道路桥梁和隧道安全保护区域内的爆破作业,应采取控制爆破作业,不应进行硐室爆破、深孔爆破等药量较大的爆破作业。

    4 爆破作业前应采取安全防护措施,设计安全区,进行安全警戒工作。

    5 爆破作业时,<u>应监测桥梁和隧道结构的振动速度。爆破作业传到桥梁基础、隧道结构的振速,不应</u>超过道路桥梁和隧道结构的安全允许振速。

9.3.8 当限制性施工作业采用钻孔、抓孔等工法时,应采取措施避免发生塌孔事故,并应控制既有地下结构周边地层的水位变化幅度。

10 结构监护

10.1 一般规定

10.1.1 在道路桥梁和隧道安全保护区域内进行限制性施工作业时,在限制性施工作业期间及后续阶段,应对道路桥梁和隧道进行结构安全监护,监护范围应与监测范围保持一致。

10.1.2 道路桥梁和隧道安全保护区结构监护可采用人工与数字化手段相结合的方式。

10.1.3 道路桥梁和隧道安全保护区域结构监护应根据其内容、周期、评估要求分为一般性检查和特殊检查。

10.2 监护检查

10.2.1 在开展结构监护前,应对设施初始状态进行确认。

10.2.2 一般性检查应由专职桥梁隧道养护工程技术人员或实践经验丰富的桥梁隧道工程技术人员负责。特殊检查可委托专业检测单位采用专门技术手段,并辅以检查仪器进行详细检查和综合分析。

10.2.3 一般性检查可结合日常养护作业开展,并配备照相机、游标卡尺、秒表、量杯和激光测距仪等必要的量测仪器和设备,按本标准附录 L 现场填写监护检查记录表。

10.2.4 道路桥梁和隧道安全保护区域的结构监护周期应与监测方案周期保持一致。

10.2.5 监护检查应包括下列内容:

    1 检查道路桥梁和隧道各组成结构的完好状态,结构检查要点和仪器设备见本标准附录 M。

  2 检查在道路桥梁和隧道安全保护区域内是否有违规施工作业的情况。

  3 其他较明显的损坏及不正常现象。

10.2.6 监护检查频率宜符合下列规定：

  1 限制性施工作业的道路桥梁和隧道结构安全保护等级为一级，一般性检查频率不宜低于 1 次/天。

  2 限制性施工作业的道路桥梁和隧道结构安全保护等级为二级、三级、四级，一般性检查频率宜按照本标准附录 N 要求执行。

  3 如遇特殊情况，应提高检查频率，并按需进行特殊检查。

10.2.7 监护检查工作应符合国家相关安全规定，开展现场检查前应进行安全交底，检查时应配备安全装备，并采取必要的安全措施。

10.3 信息报送

10.3.1 现场检查应使用检查记录表格，每次检查结束后及时整理数据。

10.3.2 当发现道路桥梁和隧道结构有异常情况或限制性施工作业有危险事故征兆时，应立即上报并采取相应维护措施。

10.3.3 在监护工作完成后，所有检查记录资料以及结构监护报告应及时归档，且监护报告应包括本标准附录 P 的相关内容。

11 结构监测

11.1 一般规定

11.1.1 在道路桥梁和隧道安全保护区域内进行外部限制性施工作业时,应对限制性施工作业影响范围内的道路桥梁和隧道进行保护区结构监测,应对下列对象进行监测:
1 桥梁主体结构及其附属设施。
2 隧道主体结构及其附属设施。
3 结构周边岩土体。
4 影响桥梁、隧道安全的其他内容。

11.1.2 应根据安全保护等级、保护方案、监测频率及精度要求,选择合适的监测方法,一般应采用自动化监测手段实施保护区结构监测。

11.1.3 保护区结构监测应符合现行国家标准《工程测量通用规范》GB 55018、《工程测量标准》GB 50026、《建筑与桥梁结构监测技术规范》GB 50982和现行行业标准《建筑变形测量规范》JGJ 8的有关规定。

11.1.4 监测的实施程序应符合下列规定:
1 限制性施工作业施工前,应编制监测方案并经相关管理单位批准,确定外部限制性施工作业与既有桥梁和隧道结构的相对位置关系,完成既有结构的首次结构确认以及监测初始值采集。
2 限制性施工作业施工期间,应按监测方案规定的精度、频率实施监测,按时提交监测报表,发现警情时及时预警。
3 限制性施工作业施工结束后,跟踪监测时限长度和频率应满足本标准附录Q的跟踪期监测要求。

4 监测工作结束后,应及时开展监测技术总结,应及时完成成果资料并归档。

11.1.5 监测数据宜采用平台化管理,满足本标准第 12 章的相关要求。

11.2 监测项目

11.2.1 监测范围应符合本标准附录 R 的规定。

11.2.2 监测项目应能及时反映限制性施工作业对道路桥梁和隧道结构安全影响的重要变化,并应根据本标准附录 S 进行选择。

11.2.3 当限制性施工作业需进行爆破时,应监测道路桥梁和隧道结构的振动速度。

11.2.4 监测位置应布置在监测对象变形和内力的关键特征点上,监测点布设位置、间距应满足本标准附录 T 中相应测项的具体要求。

11.2.5 监测项目的初始值观测应在监测点埋设稳定后实施,应至少独立进行 2 次,2 次之差不应大于观测精度要求的 2 倍,并应取均值作为初始值。

11.2.6 自动化监测应能在线管理,并应定期进行人工复核验证。

11.3 监测频率

11.3.1 道路桥梁和隧道结构的监测频率,应能系统反映监测对象所测项目的重要变化过程及其变化时刻,不同限制性施工作业类型影响下道路桥梁和隧道最低监测频率应符合本标准附录 Q 的规定。

11.3.2 遇到下列情况时,应提高监测频率:

1 当监测数据接近道路桥梁和隧道结构变形预警值时,应提高监测频率。

2 当发现道路桥梁和隧道结构有异常情况或限制性施工作业有危险事故征兆时,应提高监测频率,并采取针对性的应急监测措施。

11.3.3 道路桥梁和隧道结构的监测周期,应从测定监测项目初始值开始,至限制性施工作业完成且跟踪监测期间监测数据趋于稳定后结束,且应满足本标准附录Q中相关要求。

11.4 监测预警

11.4.1 监测预警等级划分及应对管理措施应符合表11.4.1的规定。

表11.4.1 监测预警等级划分及应对管理措施

预警等级	监测比值 G	应对管理措施
二级	$0.8 \leqslant G < 1.0$	设施管养单位介入,并采取加密监测点或提高监测频率等措施加强对桥梁隧道结构监测
一级	$G \geqslant 1.0$	桥梁隧道主管部门介入,进行过程安全评估工作,各方共同制定相应安全保护措施,并经组织审查后,开展后续工作

注:监测比值 G 为监测项目实测值与预警值的比值。

11.4.2 道路桥梁和隧道结构预警值应符合本标准附录G的规定。

11.4.3 监测成果应及时反馈,日报表应在每次外业观测后24 h内整理提交,如有异常应立即预警。

12 结构安全保护数字化

12.1 一般规定

12.1.1 桥梁隧道管理单位宜建立桥梁和隧道结构安全保护数字化监管平台,对桥梁和隧道安全保护区域内限制性施工作业进行全周期管理,实现桥梁和隧道结构安全保护的数字化、平台化、智能化。

12.1.2 平台应根据道路桥梁和隧道安全保护管理需求及业务工作流程,采用模块化、可扩展的架构设计。

12.1.3 平台应具备道路桥梁和隧道安全保护数字化信息的采集、录入、存储、处理、分析、展示、推送、外部数据接口等功能,保证系统稳定可靠、操作便捷、互联互通。平台应兼容多源数据的集成管理与应用。

12.1.4 平台应建立数据标准与配套管理办法,明确平台使用细则,保障平台数据的规范性、一致性、准确性和时效性。

12.1.5 平台的建设与运维应符合国家及行业现行数字化系统安全的有关规定。

12.2 平台功能模块

12.2.1 平台应包含外部限制性施工作业信息管理、道路桥梁和隧道安全监护监测管理、监护监测结果统计分析等功能模块。

12.2.2 外部限制性施工作业信息管理模块宜包含作业单位信息管理、作业项目信息管理、监护监测范围内道路桥梁和隧道信息管理等功能。

12.2.3 安全监护监测管理模块宜包含监护监测工程管理、数据管理、数据处理分析、监测安全评估、监测成果管理和可视化等功能。

12.2.4 监护监测结果统计分析模块宜包含监测结果统计、监测结果分析、同类限制性施工作业影响预测等功能。

12.3 安全数字化管控

12.3.1 限制性施工作业项目实施前,可由数字化平台推送建设单位填报的项目行政许可申请基本信息,建设单位应在平台补充上传作业项目信息、安全保护区域内道路桥梁和隧道信息等相关信息以及作业项目关键技术参数。针对不同类型的限制性作业需要上传的关键技术参数可按本标准附录 U 执行。

12.3.2 限制性施工作业项目实施过程中,监护监测单位应在平台及时上传工程影响等级、监护监测方案、主要技术人员、监测布点图等内容;监护监测日常工作完成后,24 h 内上传施工工况、监护监测数据、监护监测报表等内容,保证信息上传的及时性及可靠性。

12.3.3 限制性施工作业项目实施完毕后,建设单位应及时上传后评估报告及应急处置信息。

附录 A 道路桥梁和隧道结构安全保护等级（外部基坑工程）

A.0.1 外部基坑对道路桥梁和隧道结构的安全保护等级宜按表 A.0.1 划分,其中接近程度和开挖深度可按第 A.0.2、A.0.3 条确定。

表 A.0.1 道路桥梁和隧道结构安全保护等级的划分

接近程度 开挖深度	非常接近	接近	较接近	相对远离
深	一级	一级	一级	一级
较深	一级	一级	一级	二级
较浅	一级	一级	二级	三级
浅	一级	二级	三级	四级

A.0.2 外部旁侧基坑与道路桥梁和隧道结构的接近程度的判定宜按表 A.0.2 确定。

表 A.0.2 接近程度的判定

道路桥梁和隧道结构类型	最小净距	接近程度
道路桥梁和隧道结构	$L_{ed} \leqslant 1.0h$	非常接近
	$1.0h < L_{ed} \leqslant 1.5h$	接近
	$1.5h < L_{ed} \leqslant 2.0h$	较接近
	$L_{ed} > 2.0h$	相对远离

注：1. h 为外部基坑开挖深度(m)。
  2. L_{ed} 为旁侧基坑支护结构外边线与道路桥梁和隧道结构、高架或地面结构桩基的最小净距离(m)。

A.0.3 外部旁侧基坑的开挖深度判定宜按表 A.0.3 确定。

表 A.0.3 旁侧基坑开挖深度的判定

基坑开挖深度	隧道	桥梁
深	$h \geqslant 15$	$h \geqslant 0.30 L_p$
较深	$15 > h \geqslant 10$	$0.20 L_p \leqslant h < 0.30 L_p$
较浅	$10 > h \geqslant 5$	$0.10 L_p \leqslant h < 0.20 L_p$
浅	$h < 5$	$h \leqslant 0.10 L_p$

注：1. h 为外部基坑开挖深度(m)。
  2. L_p 为道路桥梁和隧道结构桩基桩长(m)。

A.0.4 对未采用桩基础的道路桥梁和隧道路基结构，其安全保护等级应根据外部基坑的大小和深度、与路基结构的距离以及工程地质和水文地质条件等综合确定。

A.0.5 截水帷幕没有隔断承压水，而采取承压水降水措施时，表 A.0.1 的道路桥梁和隧道结构安全保护等级应提高一级，保护等级为一级时不再提高。

A.0.6 外部上方基坑对隧道结构盾构段、顶管段的安全保护等级宜按表 A.0.6 划分。其他明挖段、暗埋段隧道结构在同样条件下的安全保护等级可降低一级采用，保护等级为四级时不再降低。

表 A.0.6 上方基坑隧道结构盾构段安全保护等级的划分

保护等级	划分原则
一级	$v_1 \geqslant 0.12$ 或 $h/h_1 \geqslant 0.30$
二级	$0.12 > v_1 \geqslant 0.08$ 或 $0.30 > h/h_1 \geqslant 0.20$
三级	$0.08 > v_1 \geqslant 0.05$ 或 $0.20 > h/h_1 \geqslant 0.125$
四级	$v_1 < 0.05$ 且 $h/h_1 < 0.125$

注：1. v_1 为隧道上方的卸荷比。
  2. h 为外部基坑开挖深度(m)。
  3. h_1 为隧道结构顶部埋深(m)。

附录 B 道路桥梁和隧道结构安全保护等级 (外部隧道工程)

B.0.1 外部隧道对道路桥梁和隧道结构的安全保护等级宜按表 B.0.1 划分,其中接近程度、工程影响分区、隧道相对埋深可按附录 B.0.2、B.0.3 和 B.0.4 确定。

表 B.0.1 道路桥梁和隧道结构安全保护等级的划分

隧道作业的工程影响分区 \ 接近程度	非常接近	接近	较接近	相对远离
强烈影响区(A)	一级	一级	一级	二级
显著影响区(B)	一级	一级	二级	三级
一般影响区(C)	一级	二级	三级	四级

B.0.2 接近程度应根据道路桥梁和隧道类型及其与限制性施工作业的空间关系确定,接近程度的判定宜按表 B.0.2 确定,如图 B.0.2-1~图 B.0.2-3 所示。

表 B.0.2 外部隧道工程接近程度的判定

道路桥梁和隧道结构类型	相对净距	接近程度
隧道结构盾构段	$L_{td} \leqslant 1.0D$	非常接近
	$1.0D < L_{td} \leqslant 2.0D$	接近
	$2.0D < L_{td} \leqslant 3.0D$	较接近
	$L_{td} > 3.0D$	相对远离
隧道结构其他区段	$L_{td} < 0.5H$	非常接近
	$0.5H < L_{td} \leqslant 1.0H$	接近
	$1.0H < L_{td} \leqslant 2.0H$	较接近
	$L_{td} > 2.0H$	相对远离

续表B.0.2

道路桥梁和隧道结构类型	相对净距	接近程度
桥梁结构	$L_{td} \leqslant 0.7h_2$	非常接近
	$0.7h_2 < L_{td} \leqslant 1.0h_2$	接近
	$1.0h_2 < L_{td} \leqslant 2.0h_2$	较接近
	$L_{td} > 2.0h_2$	相对远离

注：1. L_{td} 为外部隧道结构外边线与道路桥梁和隧道结构桩基础间的最小净距离。
2. D 为外部隧道结构段盾构段的隧道外径，采用矩形盾构时 D 为外部矩形盾构结构长边宽度。
3. H 为外部隧道结构其他区段（如明挖法）的基坑开挖深度。
4. h_2 为外部桥梁底部埋深。

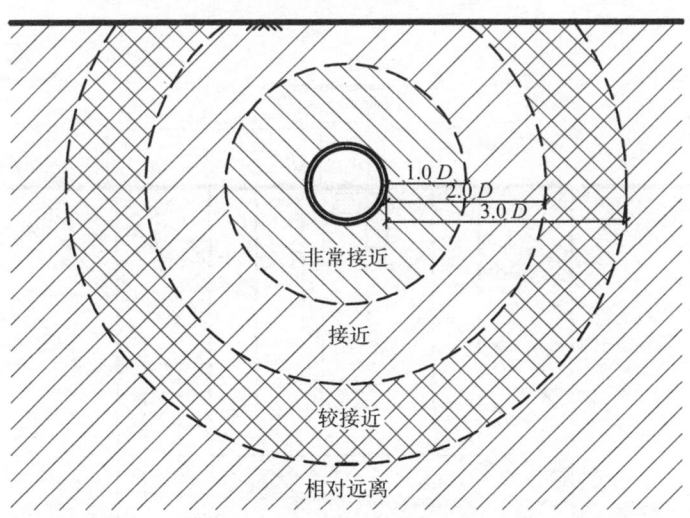

图 B.0.2-1 外部隧道工程接近程度的判定（盾构段）

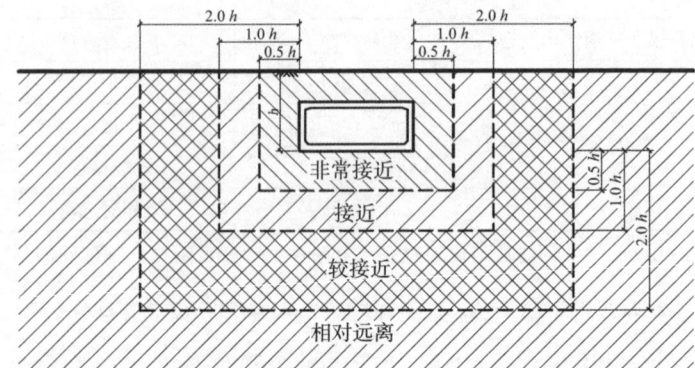

图 B.0.2-2 外部隧道工程接近程度的判定(隧道结构其他区段)

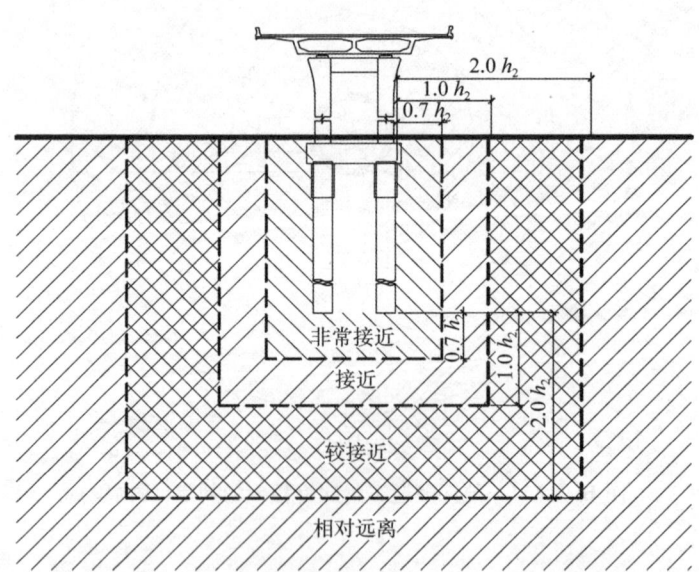

图 B.0.2-3 外部隧道工程接近程度的判定(桥梁结构)

B.0.3 盾构法隧道限制性施工作业的工程影响分区,宜按表 B.0.3 和图 B.0.3 确定。

表 B.0.3 盾构法隧道限制性施工作业的工程影响分区

工程影响分区	区域范围
强烈影响区(A)	隧道正上方以及外侧 $0.7h_2$ 范围内
显著影响区(B)	隧道外侧 $0.7h_2 \sim 1.0h_2$ 范围
一般影响区(C)	隧道外侧 $1.0h_2 \sim 2.0h_2$ 范围

注:h_2 为外部隧道底部埋深(m)。

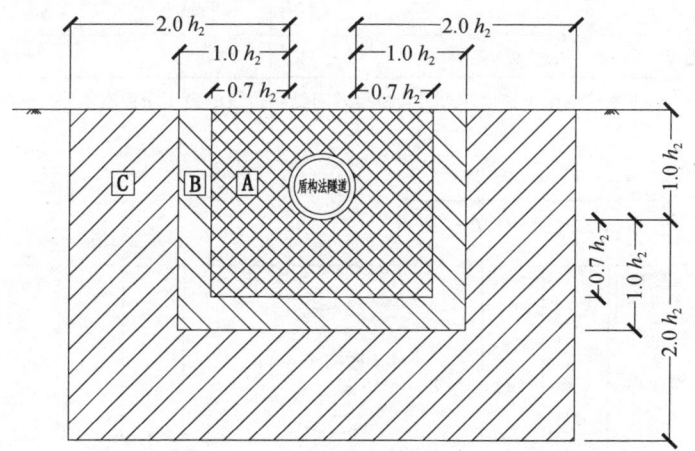

图 B.0.3 盾构法隧道限制性施工作业的工程影响分区

B.0.4 对未采用桩基础的道路桥梁和隧道路基结构,其安全保护等级应根据外部隧道的直径大小和埋深、与路基结构的距离以及工程地质和水文地质条件等综合确定。

附录C 道路桥梁和隧道结构安全保护等级（外部地基处理与浅基础）

C.0.1 外部地基处理对隧道结构盾构段的安全保护等级宜按表C.0.1划分。

表C.0.1 隧道结构盾构段安全保护等级

其他作业\相对净距 地基处理	$L_{qt} \leqslant 15$ m	15 m$< L_{qt} \leqslant$ 25 m	25 m$< L_{qt} \leqslant$ 35 m	$L_{qt} >$ 35 m
地基处理	一级	二级	三级	四级

注：L_{qt}为其他作业结构外边线与桥梁隧道结构边线的最小净距离。

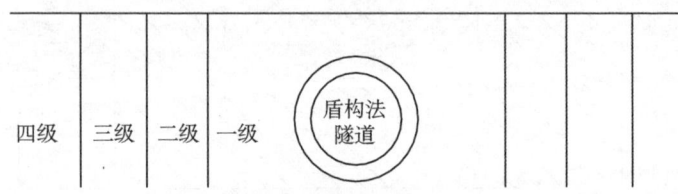

图C.0.1 外部地基处理对隧道结构盾构段安全保护等级示意图

C.0.2 外部浅基础对隧道结构盾构段的安全保护等级宜按表C.0.2划分。

表C.0.2 隧道结构盾构段安全保护等级

L_{sd}(m)\q(kPa)	$L_{sd} \leqslant$ $(D+h_1-h_3)$	$(D+h_1-h_3)< L_{sd}$ $\leqslant(2D+h_1-h_3)$	$(2D+h_1-h_3)< L_{sd}$ $\leqslant(3D+h_1-h_3)$	$(3D+h_1-h_3)$ $< L_{sd}$
$60 < q$	一级	一级	一级	二级
$45 < q \leqslant 60$	一级	一级	二级	二级

续表C.0.2

L_{sd}(m) \\ q(kPa)	$L_{sd} \leqslant$ $(D+h_1-h_3)$	$(D+h_1-h_3)<L_{sd}$ $\leqslant(2D+h_1-h_3)$	$(2D+h_1-h_3)<L_{sd}$ $\leqslant(3D+h_1-h_3)$	$(3D+h_1-h_3)$ $<L_{sd}$
$30<q\leqslant45$	一级	二级	二级	三级
$15<q\leqslant30$	一级	二级	三级	四级
$q\leqslant15$	二级	三级	四级	四级

注：1. q 为作用效应标准组合时上部结构在其水平面投影面积的平均压力值(kPa)。
2. h_1 为隧道结构盾构段顶部埋深(m)。
3. D 为隧道结构盾构段外径或宽度(m)。
4. h_3 为浅基础埋深(m)。
5. L_{sd} 为浅基础外边线与隧道结构盾构段的水平净距(m)。

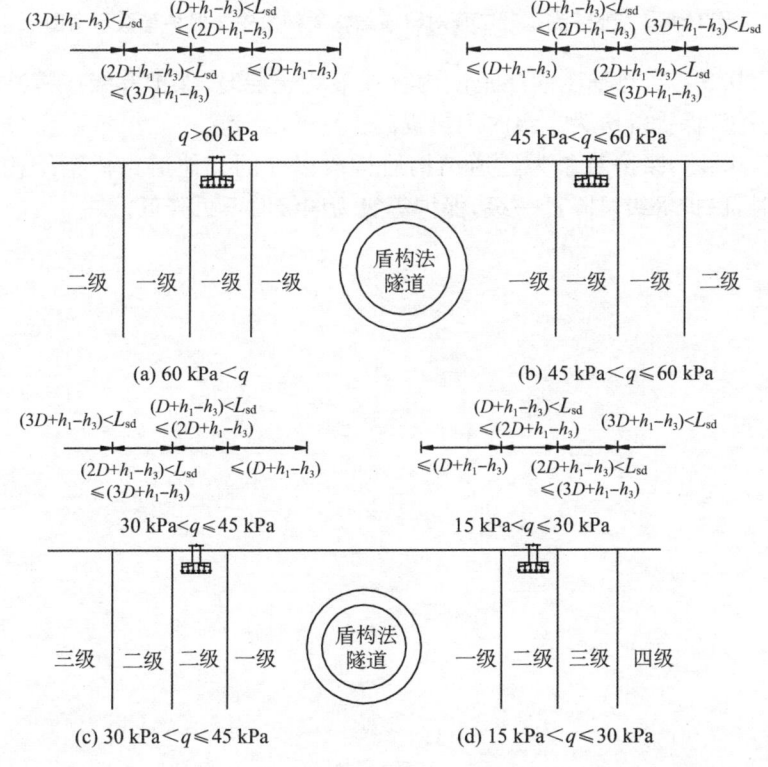

(a) 60 kPa$<q$

(b) 45 kPa$<q\leqslant$60 kPa

(c) 30 kPa$<q\leqslant$45 kPa

(d) 15 kPa$<q\leqslant$30 kPa

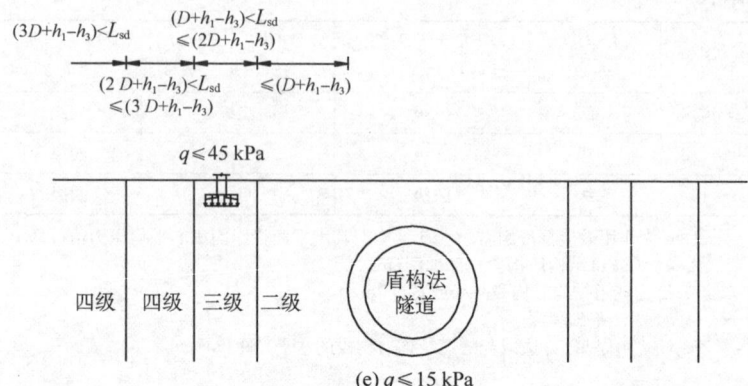

图 C.0.2 外部浅基础工程对隧道结构盾构段安全保护等级示意图

C.0.3 当地基压缩层范围内存在液化土层时,保护等级应提高一级,保护等级为一级时不再提高。

C.0.4 保护对象为隧道结构盾构段以外的其他道路桥梁结构时,保护等级可降低一级,保护等级为四级时不再降低。

附录 D 道路桥梁和隧道结构安全保护等级（外部桩基础）

D.0.1 桩基础对隧道结构盾构段的安全保护等级宜按表 D.0.1 划分。

表 D.0.1 隧道结构盾构段安全保护等级

L_{pd}(m) \ p_0(kPa)	$L_{pd} \leqslant (D+h_1-h_4)$	$(D+h_1-h_4) < L_{pd} \leqslant (2D+h_1-h_4)$	$(2D+h_1-h_4) < L_{pd} \leqslant (3D+h_1-h_4)$	$(3D+h_1-h_4) < L_{pd}$
$450 < p_0$	一级	一级	一级	二级
$300 < p_0 \leqslant 450$	一级	一级	二级	二级
$150 < p_0 \leqslant 300$	一级	二级	二级	三级
$60 < p_0 \leqslant 150$	一级	二级	三级	四级
$p_0 \leqslant 60$	二级	三级	四级	四级

注：1. p_0 为荷载效应准永久组合下承台底的平均附加压力(kPa)。
  2. h_1 为隧道结构盾构段顶部埋深(m)。
  3. D 为隧道结构盾构段外径或宽度(m)。
  4. h_4 为桩顶埋深(m)。
  5. L_{pd} 为桩基础承台外边线与隧道结构盾构段的水平净距(m)。

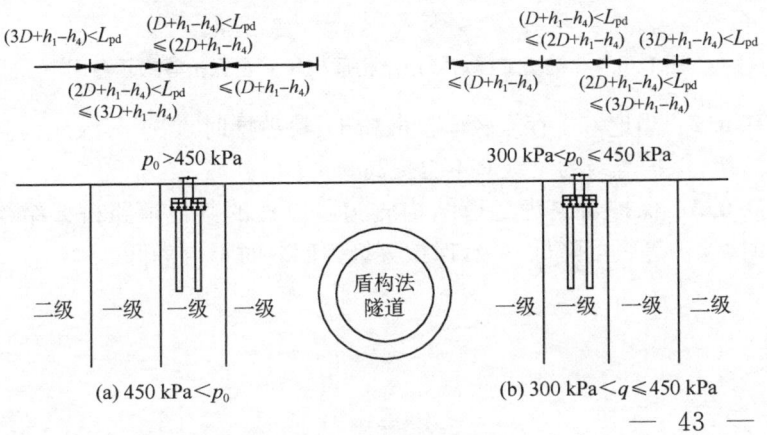

(a) $450 \text{ kPa} < p_0$

(b) $300 \text{ kPa} < q \leqslant 450 \text{ kPa}$

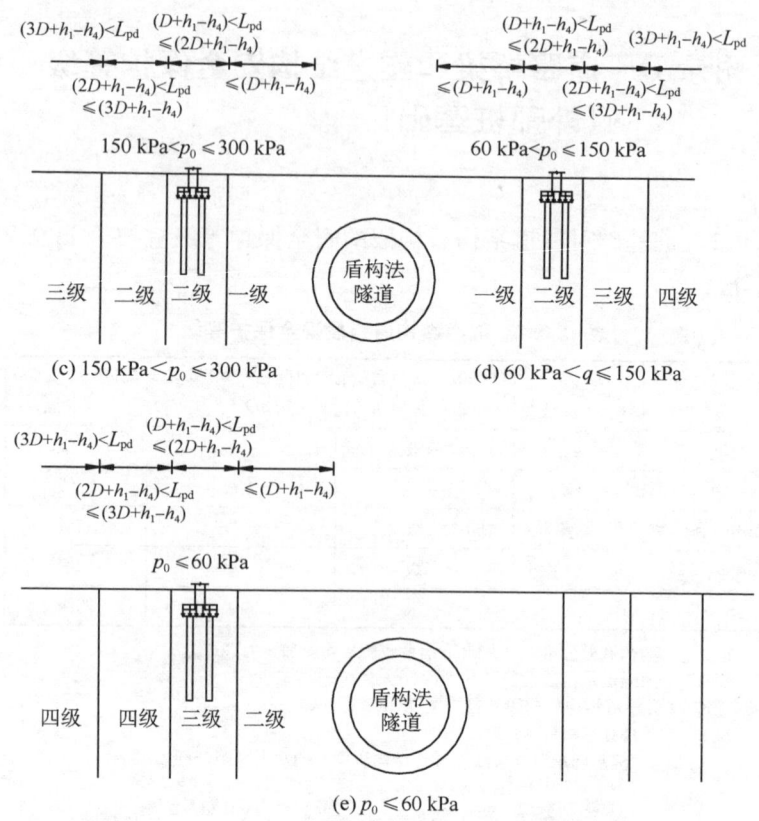

图 D.0.1 桩基工程对隧道结构盾构段安全保护等级示意图

D.0.2 当地基土存在较厚松散粉土、粉砂层时,保护等级应提高一级,保护等级为一级时不再提高。

D.0.3 保护对象为隧道结构盾构段以外的其他道路桥梁结构时,保护等级可降低一级,保护等级为四级时不再降低。

附录 E 道路桥梁和隧道结构安全保护等级（外部堆卸载作业）

E.0.1 外部堆卸载作业对隧道结构盾构段的安全保护等级宜按表 E.0.1 划分。

表 E.0.1 隧道结构盾构段安全保护等级

相对净距 堆高/卸高(m)	$L_{qt} \leqslant 15$ m	15 m$<L_{qt}$ $\leqslant 25$ m	25 m$<L_{qt}$ $\leqslant 35$ m	$L_{qt}>35$ m
$8<h$	一级	一级	一级	二级
$5<h\leqslant 8$	一级	一级	二级	三级
$2<h\leqslant 5$	一级	二级	三级	四级
$h\leqslant 2$	二级	三级	四级	四级

注：L_{qt} 为堆卸载作业外边线与桥梁隧道结构边线的最小净距。

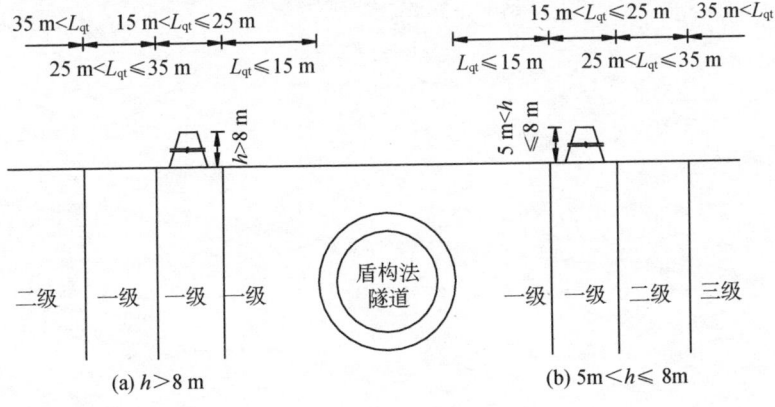

(a) $h>8$ m (b) 5m$<h\leqslant$ 8m

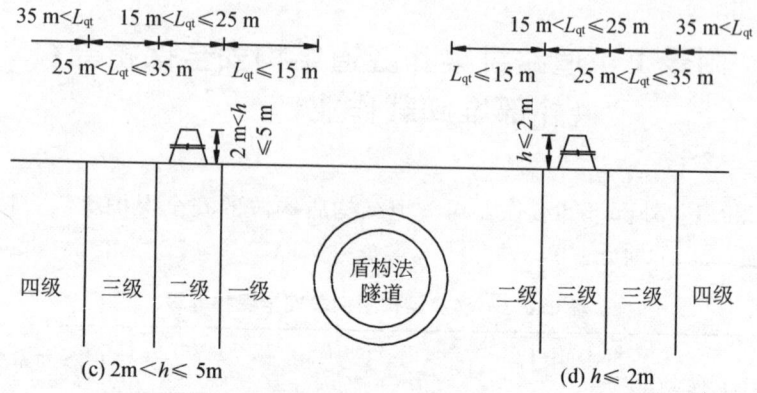

图 E.0.1 堆卸载作业对隧道结构盾构段安全保护等级示意图

E.0.2 保护对象为隧道结构盾构段以外的其他道路桥梁结构时,保护等级可降低一级,保护等级为四级时不再降低。

附录 F 道路桥梁和隧道结构安全保护等级（外部其他工程）

F.0.1 外部其他工程对隧道结构盾构段的安全保护等级宜按表 F.0.1 划分。

表 F.0.1 隧道结构盾构段安全保护等级

相对净距 其他作业	L_{qt} ≤15 m	15 m<L_{qt} ≤25 m	25 m<L_{qt} ≤35 m	L_{qt} >35 m
水中疏浚、抛填作业、爆破作业、地下管线作业	一级	一级	二级	三级
地质钻探作业、新建桥梁工程、拆除作业	一级	二级	三级	四级
架空作业、新建道路工程	二级	三级	四级	四级

注：L_{qt} 为其他作业结构外边线与桥梁隧道结构边线的最小净距。

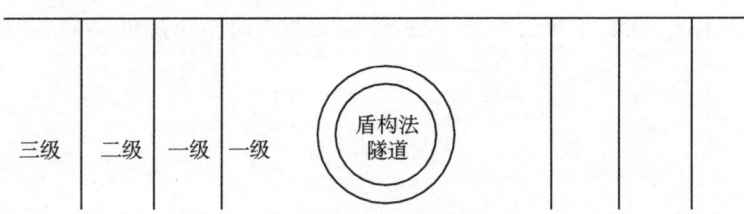

(a) 水中疏浚、抛填作业、爆破作业、地下管线作业

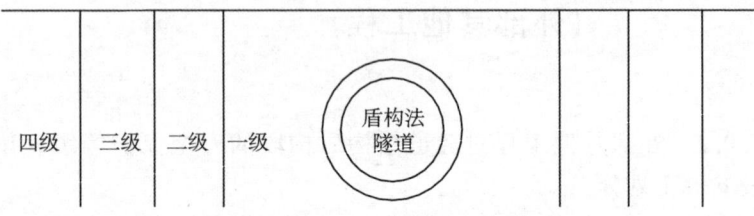

(b) 地质钻探作业、新建桥梁工程、拆除作业

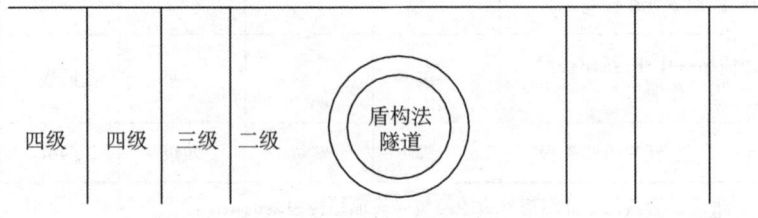

(c) 架空作业、新建道路工程

图 F.0.1 外部其他工程对隧道结构盾构段的安全保护等级示意图

F.0.2 保护对象为隧道结构盾构段以外的其他道路桥梁结构时,保护等级可降低一级,保护等级为四级时不再降低。

附录G 道路桥梁和隧道结构变形预警值

表 G.1 道路桥梁结构变形预警值

序号	监测项目	速率预警值	累计预警值
1	墩台均匀沉降	1 mm/d	5 mm
2	相邻墩台差异沉降	1 mm/d	5 mm
3	墩台倾斜	—	1/3 500
4	墩台水平位移	1 mm/d	5 mm
5	梁竖向位移	1 mm/d	5 mm
6	梁水平位移	1 mm/d	5 mm
7	振动速度	—	2.5 cm/s
8	保护区内土体沉降	2 mm/d	20 mm
9	保护区内土体深层水平位移	2 mm/d	20 mm
10	地下水位	200 mm/d	500 mm

注:1. 上表为一般情况下的桥梁变形预警值,当有管理部门、设计单位要求时应满足管理部门要求、设计标准。
2. 若采用的结构变形预警值宽于本表中的推荐值,需经桥梁原设计单位、管理单位及主管部门同意后方可实施。
3. 结构裂缝控制指标按现行行业标准《城市桥梁养护技术标准》CJJ 99 中相关内容执行。
4. 监测预警等级划分见本标准第 11.4.1 条。

表 G.2 道路隧道结构变形预警值

序号	监测项目	速率预警值	累计预警值
1	隧道沉降	1 mm/d	10 mm
2	隧道水平位移	1 mm/d	10 mm
3	盾构隧道管径收敛	1 mm/d	10 mm

续表G.2

序号	监测项目	速率预警值	累计预警值
4	不同结构交接处、变形缝差异沉降	1 mm/d	10 mm
5	结构裂缝	0.02 mm/d	0.20 mm
6	振动速度	—	2.5 cm/s
7	保护区内土体沉降	2 mm/d	20 mm
8	保护区内土体深层水平位移	2 mm/d	20 mm
9	地下水位	200 mm/d	500 mm

注:1. 上表为一般情况下的隧道变形预警值,当有管理部门、设计要求时应同时满足管理部门要求、设计标准。
2. 若采用的结构变形预警值宽于本表中的推荐值,需经隧道原设计单位、管理单位及主管部门同意后方可实施。
3. 监测预警等级划分见本标准第11.4.1条。

附录 H 安全评估要求内容

表 H 安全评估要求内容

安全评估阶段	评估工作内容	主要依据	专项评估报告包括内容
作业前评估	1. 预测分析限制性施工作业实施全过程及永久使用阶段可能诱发既有结构各种风险的影响因素，包括周边卸载或超载、水位变化等，计算既有结构的内力和变位预测值； 2. 结合限制性施工作业对既有结构的主要响应特征及其安全保护要求，合理选用结构安全控制指标，以对限制性施工作业设计、施工给予指导； 3. 结合对应区段既有结构竣工资料，分别以强度和变形控制进行计算，验算既有结构的安全； 4. 综合评定限制性施工作业设计方案和结构保护方案的可行性； 5. 提出既有结构安全保护措施及监测的建议，必要时应包括预加固方案	1. 勘察资料； 2. 既有结构巡查资料； 3. 既有结构竣工资料和现状调查资料； 4. 限制性施工作业方案及既有结构保护方案	1. 对道路桥梁和隧道结构的安全影响分析； 2. 评估结论； 3. 对限制性施工作业方案的要求和建议
作业中评估	1. 及时跟踪评估既有结构的当前状态和继续抗变形能力、承载能力，及时修正安全控制指标值； 2. 必要时重新制定既有结构保护方案、增加控制保护措施，或调整外部作业方案； 3. 预测分析及综合评定后续外部作业和保护方案的可行性	1. 既有结构的监测数据； 2. 外部作业影响预评估报告、预测值； 3. 施工前及过程的既有结构调查报告	1. 对道路桥梁隧道结构的安全影响分析； 2. 评估结论； 3. 对继续实施限制性施工作业的要求和建议

续表H

安全评估阶段	评估工作内容	主要依据	专项评估报告包括内容
作业后评估	1. 受限制性施工作业影响的既有结构区段,在限制性施工作业完成后,开展事后调查和分析; 2. 结合结构安全控制指标评价限制性施工作业对既有结构的影响; 3. 综合评估道路桥梁和隧道既有结构限制性施工作业后的结构安全状态、结构安全控制指标,以及继续承载能力和抗变形能力; 4. 必要时提出修复既有结构的措施	1. 既有结构监测数据; 2. 限制性施工作业影响事前评估报告; 3. 既有结构竣工资料和现状调查资料; 4. 限制性施工作业前、后既有结构的调查资料	1. 作业对结构安全影响分析; 2. 评估结论; 3. 对作业后结构的要求和建议

附录 J 安全评估报告框架

J.0.1 道路桥梁和隧道结构的现状评估应包括下列内容：
1 外部工程项目概况。
2 编制目的。
3 编制依据。
4 评估技术路线。
5 保护区作业节点道路桥梁和隧道结构现状的调查、测量、监测。
6 保护区作业节点道路桥梁和隧道结构的状态评估。

J.0.2 道路桥梁和隧道结构的限制性施工作业施工过程评估应包括下列内容：

1 设计阶段的限制性施工作业施工过程评估应包括如下内容：

1) 外部工程项目概况；
2) 编制目的；
3) 编制依据；
4) 评估技术路线；
5) 保护区作业节点道路桥梁和隧道结构现状的调查、测量、监测结论；
6) 保护区作业节点的设计方案；
7) 相关案例分析与总结；
8) 安全评估分析；
9) 保护区作业施工总体筹划；
10) 保护措施要求；
11) 监测要求。

2 施工阶段的限制性施工作业施工过程评估应包括下列内容：

1）外部工程项目概况；
2）编制目的；
3）编制依据；
4）评估技术路线；
5）保护区作业节点道路桥梁和隧道结构现状的调查、测量、监测结论；
6）保护区作业节点的设计方案；
7）相关案例分析与总结；
8）安全评估分析；
9）保护区作业施工总体筹划；
10）保护区作业节点的专项施工方案；
11）保护区作业节点的保护措施；
12）施工监测及第三方监测方案；
13）信息化施工方案；
14）应急预案。

J.0.3 道路桥梁和隧道结构的限制性施工作业影响后评估应包括下列内容：

1 外部工程项目概况。

2 编制目的。

3 编制依据。

4 评估技术路线。

5 保护区作业后道路桥梁和隧道结构现状的调查、测量、监测。

6 保护区作业后道路桥梁和隧道结构的状态评估。

附录 K 道路桥梁和隧道应急检测方案和报告要求

K.0.1 道路桥梁和隧道应急检测方案制定应根据搜集的资料和现场调查情况确定检测范围、内容和检测重点。

K.0.2 资料收集应包括下列内容：

    1 道路桥梁和隧道的竣工资料及历次养护维修资料。

    2 道路桥梁和隧道受损范围最新的检测报告。

    3 安全保护区域内限制性施工作业的设计资料及事故发生之前的施工工艺、现场情况及相关监测数据等资料。

    4 搜集突发事件相关信息，初步了解突发事件可能对桥梁与隧道的影响程度及范围。

K.0.3 应急检测方案应包括下列内容：

    1 突发事件概况。

    2 依据、检测项目及方法。

    3 质量保证和控制措施。

    4 安全防护措施。

    5 人员分工及联系方式。

K.0.4 道路桥梁和隧道应急检测报告应包括下列内容：

    1 道路桥梁和隧道的工程结构、限制性施工作业概况及突发事件的过程。

    2 检测依据、内容和方法。

    3 突发事件的影响区段道路桥梁和隧道的检测数据，分析周边施工与事故之间的相关性，受损区段的损坏原因及程度，评价道路桥梁和隧道使用的安全性。

    4 提出结构或局部构件的维修、加固或改造建议，提出维护管理措施。对应急检测及监测结果不满足要求的道路桥梁和隧道，在维修加固之前，应采取限载、限速或封闭交通的措施，并应继续监测结构变化。

附录 L 监护检查记录表格

表 L 一般性检查记录表

设施名称：　　　　　　结构类型：
检查单位：　　　　　　检查日期：　　　年　月　日　　　　天气：

序号	部位	位置	缺陷类型	缺陷描述	缺陷尺寸	影像或照片编号

评定结果：

记录人员：　　　　　　　　校核人员：

填表说明：位置以里程桩号和房间编号为主，也可根据实际情况辅以管片环号、灯号、箱门号、时钟号等信息描述；缺陷描述为通过目测或简单工具判断的表观现象和严重程度；缺陷尺寸包含路面破损面积（m^2）、渗漏面积（m^2）、渗漏流速（L/h）、裂缝长度（m）、裂缝宽度（mm）、裂缝深度（mm）、混凝土破损面积（m^2）、混凝土破损深度（mm）、钢结构锈蚀面积（m^2）等内容。

附录 M 结构检查要点和仪器设备

表 M.1 桥梁结构检查要点和仪器设备

组成结构	部位	检查要点	仪器设备
路面	桥面铺装	平整性及裂缝、沉陷、碎边、桥头跳车等	激光平整度仪、卷尺
路面	伸缩装置	连接松动、异常变形等；是否造成明显跳车	游标卡尺、卷尺
桥梁结构	上部结构、下部结构	异常变化、缺陷、变形、沉降、位移等	游标卡尺、卷尺、裂缝测宽仪、超声波检测仪
附属设施	排水设施	管道变形，盖板翘起、裂缝、碎裂、渗漏、响声	游标卡尺、卷尺、秒表、量杯、CCTV（管道闭路电视检测系统）
附属设施	人行道铺装	裂缝、松动或变形、残缺等	游标卡尺、卷尺
附属设施	栏杆、防撞护栏	破损、断裂、松动等	游标卡尺、卷尺
附属设施	防护网、声屏障	破损、变形、松动等	游标卡尺、卷尺
附属设施	挡土墙、护坡、调治构造物	开裂、破损、塌陷、倾斜等	游标卡尺、卷尺、裂缝测宽仪、超声波检测仪
人行天桥和人行地下通道的自动扶梯、照明设施及其封闭结构等附属设施		异常变化、缺陷、积水等	游标卡尺、卷尺

表 M.2 隧道结构检查要点和仪器设备

组成结构	部位	检查要点	仪器设备
路面	隧道路面	平整性及裂缝、沉陷、碎边、跳车等	激光平整度仪、卷尺
隧道结构	混凝土结构	变形、裂缝、渗漏、露筋	游标卡尺、卷尺、秒表、量杯、裂缝测宽仪、超声波检测仪、钢筋锈蚀测试仪
隧道结构	联络通道	缺损、裂缝、渗漏	游标卡尺、卷尺、秒表、量杯、裂缝测宽仪、超声波检测仪
隧道结构	各段间剪力键	缺损、裂缝、渗漏	游标卡尺、卷尺、秒表、量杯、裂缝测宽仪、超声波检测仪
隧道结构	竖井与管段结合处	缺损、裂缝、渗漏	游标卡尺、卷尺、秒表、量杯、裂缝测宽仪、超声波检测仪
附属设施	风塔	混凝土缺损、裂缝、沉降、变形缝漏水	游标卡尺、卷尺、秒表、量杯、裂缝测宽仪、超声波检测仪
附属设施	排水设施	管道变形，盖板翘起、裂缝、碎裂、渗漏、响声	游标卡尺、卷尺、秒表、量杯
附属设施	光过渡段	防水层、侧墙伸缩缝漏水	游标卡尺、卷尺、秒表、量杯
附属设施	光过渡段	变形、缺损、裂缝、渗漏	游标卡尺、卷尺、秒表、量杯
附属设施	装饰层	缺损、变形、压条翘起、结点松动	游标卡尺、卷尺

附录 N 监护项目实施全过程监护频率

表 N.1 道路桥梁和隧道结构安全保护等级(外部基坑工程)为二级时监护频率

施工阶段	隧道结构	桥梁结构
桩基、围护施工	2次/周～3次/周	3次/周
降水、土方开挖	2次/周～3次/周	1次/天
地下结构施工至出±0	2次/周～3次/周	3次/周
跟踪监护期	1次/周	1次/周

表 N.2 道路桥梁和隧道结构安全保护等级(外部基坑工程)为三级、四级时监护频率

施工阶段	隧道结构	桥梁结构
桩基、围护施工	1次/周～2次/周	1次/周
降水、土方开挖	1次/周～2次/周	1次/天
地下结构施工至出±0	1次/周～2次/周	1次/周
跟踪监护期	1次/周	1次/周

表 N.3 道路桥梁和隧道结构安全保护等级(外部隧道工程)为二级时监护频率

施工阶段	隧道结构	桥梁结构
试验段	2次/周～3次/周	3次/周
限制性施工作业中	2次/周～3次/周	1次/天
限制性施工作业后	2次/周～3次/周	3次/周
跟踪监护期	1次/周	1次/周

表 N.4 道路桥梁和隧道结构安全保护等级(外部隧道工程)为三级、四级时监护频率

施工阶段	隧道结构	桥梁结构
试验段	1次/周～2次/周	1次/周
限制性施工作业中	1次/周～2次/周	1次/天
限制性施工作业后	1次/周～2次/周	1次/天
跟踪监护期	1次/周	1次/周

表 N.5 外部地基基础、桩基础、堆卸载作业及其他工程时监护频率

等级	监护内容	分项		桥梁工程
		加卸载、桩基及其他工程	桥梁工程	
二级	隧道结构	2次/周～3次/周	2次/周～3次/周	桥墩施工参照基坑；上部结构施工参照地面建筑
	桥梁结构	1次/天～2次/天	1次/天～2次/天	
三级、四级	隧道结构	1次/周～2次/周	1次/周～2次/周	
	桥梁结构	1次/天	1次/天	
跟踪监护期		1次/周	1次/周	1次/周

注：1. 对于结构技术状况较差的道路桥梁和隧道结构，应适当提高监护频率。
2. 发生报警或突发结构病害等情况，可视情况增加监护频率。
3. 监护频率还应满足设计单位、管理单位、行业主管部门要求；跟踪监护期时间要求与跟踪监测期要求保持一致。

附录 P 结构监护报告要求

P.0.1 监护报告应符合下列要求：
 1 对结构的发展及变化情况应有文字评述及照片记录。
 2 信息真实，内容完整，重点突出，结构清晰，文理通顺，结论明确。

P.0.2 监护报告应包括下列内容：
 1 项目概况，包括项目来源、监护目的和要求、监护区地理位置及周边情况。
 2 人员配置、检查频率和采用的方法，包括监护作业依据的技术标准，项目技术设计或监护方案的技术变更情况，采用的仪器设备及其校验情况，检查频次，检查精度要求及报警值设置，作业方法及数据处理方法等。
 3 监护检查期间的结构病害位置、范围、特征等变化情况记录。
 4 监护期相应的工况描述。
 5 安全交底记录。
 6 最终结果及评述，分析限制性施工作业与结构病害之间的相关性，评价道路桥梁和隧道使用的安全性。

附录Q 监测项目实施全过程监测频率

表 Q.1 隧道结构安全保护等级(外部基坑工程)为一级、二级时监测频率

施工阶段	人工监测				自动化监测
	隧道结构	周围土体			隧道结构
		土体沉降	深层水平位移	地下水位	
桩基、围护施工	1次/周~2次/周	1次/周~2次/周	—	—	1次/天
降水、土方开挖	1次/周~2次/周	1次/周~2次/周	1次/周~2次/周	1次/周~2次/周	1次/天~3次/天
地下结构施工至出±0	1次/周~2次/周	1次/周~2次/周	1次/周	—	2次/周~3次/周
跟踪监测期	1次/月				

表 Q.2 隧道结构安全保护等级(外部基坑工程)为三级、四级时监测频率

施工阶段	人工监测				自动化监测
	隧道结构	周围土体			隧道结构
		土体沉降	深层水平位移	地下水位	
桩基、围护施工	1次/周~2次/周	1次/周~2次/2周	—	—	2次/周~3次/周
降水、土方开挖	1次/周~2次/周	1次/周	1次/周~2次/2周	1次/周~2次/2周	1次/天~1次/天
地下结构施工至出±0	1次/周~2次/周	1次/周~2次/2周	1次/2周	—	1次/周~2次/周
跟踪监测期	1次/月	—			

表 Q.3 隧道结构安全保护等级(外部隧道工程)为一级、二级时监测频率

施工阶段	人工监测		自动化监测
	隧道结构	周围土体沉降	隧道结构
试验段	1次/周～2次/周	1次/周～2次/周	1次/天
保护区作业中	1次/周～2次/周	1次/周～2次/周	1次/小时～2次/小时
保护区作业后	1次/周～2次/周	1次/周～2次/周	1次/天
跟踪监测期	1次/月	—	—

表 Q.4 隧道结构安全保护等级(外部隧道工程)为三级、四级时监测频率

施工阶段	人工监测		自动化监测
	隧道结构	周围土体沉降	隧道结构
试验段	1次/周～2次/周	1次/2周～2次/2周	2次/周～3次/周
保护区作业中	1次/周～2次/周	1次/周～2次/周	1次/时
保护区作业后	1次/周～2次/周	1次/2周～2次/2周	1次/周～2次/周
跟踪监测期	1次/月	—	—

表 Q.5 外部地基基础、桩基础、堆卸载作业及其他工程时隧道结构监测频率

等级	监测内容	分项	
		加卸载、桩基及其他工程	桥梁工程
一级	人工监测	1次/周～2次/周	1次/周～2次/周	桥墩施工参照基坑;上部结构施工参照地面建筑
	自动化监测	1次/天～2次/天	1次/天～2次/天	
二级、三级	人工监测	1次/周	1次/周	
	自动化监测	1次/天	1次/天	
跟踪监测期		1次/月	1次/月	1次/月

表 Q.6　桥梁结构安全保护等级(外部基坑工程)为一级、二级时监测频率

施工阶段	人工监测				自动化监测	备注
	桥梁结构	周围土体			桥梁结构	
		土体沉降	深层水平位移	地下水位		
桩基、围护施工	2次/周	1次/周~2次/周	—	—	1次/天	桥梁结构对于采取了自动化监测措施的项目,相应的人工监测频率可适当降低但,不得低于1次/周
降水、土方开挖	1次/天~3次/天	1次/周~2次/周	1次/周~2次/周	1次/周~2次/周	1次/天~3次/天	
地下结构施工至出±0	2次/周	1次/周	1次/周	—	2次~3次/周	
跟踪监测期	1次/月	—	—	—	—	

表 Q.7　桥梁结构安全保护等级(外部基坑工程)为三级、四级时监测频率

施工阶段	桥梁结构	周围土体		
		土体沉降	深层水平位移	地下水位
桩基、围护施工	1次/周	1次/2周~2次/2周	—	—
降水、土方开挖	1次/天~2次/天	1次/周	1次/2周~2次/2周	1次/2周~2次/2周
地下结构施工至出±0	1次/周	1次/2周~2次/2周	1次/周	—
跟踪监测期	1次/月	—	—	—

表 Q.8　桥梁结构安全保护等级(外部隧道工程)为一级、二级时监测频率

施工阶段	人工监测		自动化监测	备注
	桥梁结构	周围土体沉降	桥梁结构	
试验段	2次/周	1次/周~2次/周	1次/天	桥梁结构对于采取了自动化监测措施的项目,相应的人工监测频率可适当降低,但不得低于1次/周
保护区作业中	1次/天~3次/天	1次/天~3次/天	1次/天~3次/天	
保护区作业后	2次/周	1次/周~2次/周	1次/天	
跟踪监测期	1次/月	—	—	

表 Q.9　桥梁结构安全保护等级（外部隧道工程）为三级、四级时监测频率

施工阶段	人工监测	
	桥梁结构	周围土体沉降
试验段	1次/周	1次/2周～2次/2周
保护区作业中	1次/天	1次/周
保护区作业后	1次/周	1次/2周～2次/2周
跟踪监测期	1次/月	—

表 Q.10　外部地基基础、桩基础、堆卸载作业及其他工程时桥梁结构监测频率

等级	监测内容	分项		桥梁工程
		加卸载、桩基及其他工程		
一级、二级	人工监测	1次/天～2次/天	1次/天～2次/天	桥墩施工参照基坑；上部结构施工参照地面建筑
	自动化监测	1次/天～2次/天	1次/天～2次/天	
	对于采取了自动化监测措施的项目，相应的人工监测频率可适当降低，但不得低于1次/7天			
三级、四级	人工监测	1次/天	1次/天	
跟踪监测期		1次/月	1次/月	1次/月

注：1. 对于结构技术状况较差的道路桥梁和隧道结构，应适当提高监测频率。
　　2. 自动化监测应做到实时监测，监测报表按表 Q.1～表 Q.10 所述频率出具。
　　3. 发生报警或突发结构病害等情况，可视情况增加监测频率。
　　4. 监测频率还应满足设计单位、管理单位、行业主管部门要求。

表 Q.11　跟踪监测期要求

序号	外部作业	跟踪监测期	
		安全保护等级	
		一级、二级	三级、四级
1	基坑工程	6个月	3个月
2	隧道工程	6个月	3个月
3	地基基础	6个月	3个月
4	堆（卸）载	6个月	3个月

续表Q.11

序号	外部作业	跟踪监测期	
		安全保护等级	
		一级、二级	三级、四级
5	爆破作业	6个月	3个月
6	疏浚作业	6个月	3个月
7	其他作业	6个月	3个月

注:1. 上表为一般情况下的道路桥梁和隧道结构跟踪监测要求,当有管理部门、设计要求时应同时满足管理部门要求、设计标准。
  2. 若外部作业特别复杂、道路桥梁和隧道结构状态较差或结构变形未趋于稳定,可适当延长跟踪监测期。

附录 R 道路桥梁和隧道结构安全监测范围

表 R.1 道路桥梁结构安全监测范围

序号	作业类型	安全保护区监测范围(m)		
		作业分类 \ 桥梁分类	特大桥、大桥	中桥、小桥、涵洞
1	基坑工程	一级基坑	施工投影范围＋两侧各 75 m 延伸范围	施工投影范围＋两侧各 55 m 延伸范围
		二级基坑	施工投影范围＋两侧各 65 m 延伸范围	施工投影范围＋两侧各 50 m 延伸范围
		三级基坑	施工投影范围＋两侧各 55 m 延伸范围	施工投影范围＋两侧各 45 m 延伸范围
		作业分类 \ 桥梁分类	特大桥、大桥	中桥、小桥、涵洞
2	地基基础	挤土桩	施工投影范围＋两侧各 80 m 延伸范围	施工投影范围＋两侧各 50 m 延伸范围
		非挤土桩	施工投影范围＋两侧各 40 m 延伸范围	施工投影范围＋两侧各 25 m 延伸范围
		地基处理	按挤土桩考虑或专门论证综合确定	
3	爆破作业	施工投影范围＋两侧各 200 m 延伸范围		
4	堆载（或卸载）作业	施工投影范围＋两侧各 50 m 延伸范围		
5	疏浚作业	施工投影范围＋两侧各 30 m 延伸范围		

表R.2 道路隧道结构安全监测范围

序号	作业类型	安全保护区监测范围(m)		
1	基坑工程	作业分类＼隧道分类	超长隧道、特长隧道、长隧道	中隧道、短隧道
		一级基坑	施工投影范围＋两侧各60 m延伸范围	施工投影范围＋两侧各55 m延伸范围
		二级基坑	施工投影范围＋两侧各55 m延伸范围	施工投影范围＋两侧各50 m延伸范围
		三级基坑	施工投影范围＋两侧各50 m延伸范围	施工投影范围＋两侧各45 m延伸范围
2	地基基础	作业分类＼隧道分类	超长隧道、特长隧道、长隧道	中隧道、短隧道
		挤土桩	施工投影范围＋两侧各70 m延伸范围	施工投影范围＋两侧各60 m延伸范围
		非挤土桩	施工投影范围＋两侧各35 m延伸范围	施工投影范围＋两侧各30 m延伸范围
		地基处理	按挤土桩考虑或专门论证综合确定	
3	爆破作业	施工投影范围＋两侧各100 m延伸范围		
4	堆载（或卸载）作业	施工投影范围＋两侧各70 m延伸范围		
5	疏浚作业	施工投影范围＋两侧各100 m延伸范围		

注：1. 上表为一般情况下的道路桥梁和隧道结构安全监测范围，当有管理部门、设计要求时应同时满足管理部门要求、设计标准。
2. 当外部作业存在重大风险或道路桥梁和隧道存在较多病害时，应扩大安全监测范围。
3. 对于越江设施，结构安全监测范围为施工投影范围＋两侧各80 m延伸范围。

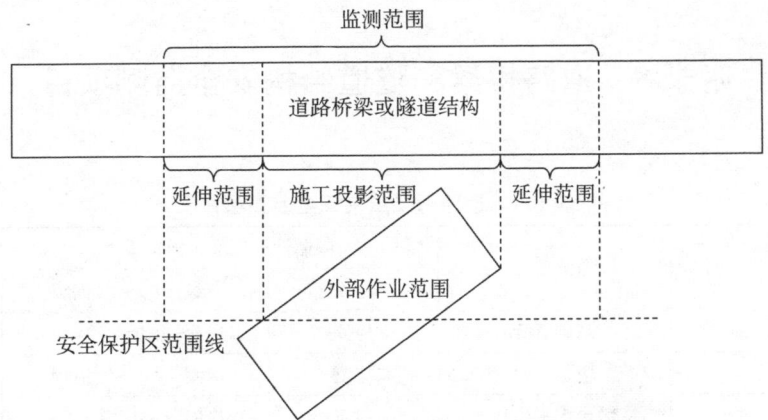

图 R.1 道路桥梁和隧道结构安全监测范围示意图

附录 S 道路桥梁和隧道结构安全监测项目

表 S.1 道路桥梁结构安全监测项目

序号	监测项目	限制性施工作业影响等级		
		一级、二级	三级	四级
1	基础沉降	应测	应测	应测
2	墩台倾斜	应测	应测	应测
3	墩台水平位移	应测	应测	应测
4	结构裂缝	应测	应测	宜测
5	梁身挠度	应测	应测	宜测
6	梁端水平位移	应测	应测	宜测
7	保护区内土体沉降	应测	宜测	宜测
8	深层水平位移	应测	宜测	宜测
9	地下水位	应测	宜测	宜测

表 S.2 隧道结构安全监测项目

序号	监测项目	限制性施工作业影响等级		
		一级、二级	三级	四级
1	隧道沉降	应测	应测	应测
2	隧道水平位移	应测	应测	应测
3	盾构法隧道管径收敛	应测	应测	应测
4	结构裂缝	应测	应测	宜测
5	保护区内土体沉降	应测	宜测	宜测
6	深层水平位移	应测	宜测	宜测
7	地下水位	应测	宜测	宜测

附录 T 道路桥梁和隧道结构监测点布设

表 T.1 道路桥梁结构监测点布设

序号	监测项目	监测位置	测点布设
1	基础沉降	桥墩、桥台	桥墩底部或承台位置,每个墩位不少于2个监测点
2	墩台倾斜	桥墩	桥墩上、下部位
3	墩台水平位移	桥墩、桥台	墩台身
4	结构裂缝	结构裂缝位置	裂缝两侧对应布置
5	梁身挠度	结构最大挠度变形点、梁端	桥梁截面外表面易于观测的位置,每跨不少于5个监测点
6	梁端水平位移	梁端	桥梁截面外表面易于观测的位置
7	保护区内土体沉降	保护区内土体	保护区内土体近外部施工侧
8	深层水平位移	保护区内土体	保护区内土体近外部施工侧
9	地下水位	保护区内土体	保护区内土体近外部施工侧

表 T.2 隧道结构监测点布设

序号	监测项目	监测位置	测点布设
1	隧道沉降	隧道顶板、底板、侧墙	矩形段、沉管段:施工正对区域,结构变形缝两侧及节段中部加密不少于1个测点;延伸区域,结构变形缝两侧布点。盾构段、顶管段:施工正对区域,每5 m一点;延伸区域,一级项目按照每5 m～10 m一点,二级项目按照每10 m～15 m一点,三级项目按照每15 m～20 m一点

续表 T.2

序号	监测项目	监测位置	测点布设
2	隧道水平位移	隧道顶板、底板、侧墙	矩形段、沉管段：施工正对区域，结构变形缝两侧及节段中部加密不少于1个测点；延伸区域，结构变形缝两侧布点。盾构段、顶管段：施工正对区域，每5 m一点；延伸区域，一级项目按照每5 m~10 m一点，二级项目按照每10 m~15 m一点，三级项目按照每15 m~20 m一点
3	盾构法隧道管径收敛	盾构法隧道，横径、竖径	施工正对区域，每5 m一断面；延伸区域，一级项目按照每5 m~10 m一断面，二级项目按照每10 m~15 m一断面，三级项目按照每15 m~20 m一断面。布设方法参照现行上海市工程建设规范《隧道养护技术规程》DG/TJ 08—2175中相关要求，每断面4点
4	结构裂缝	结构裂缝位置	裂缝两侧对应布置
5	保护区内土体沉降	保护区内土体	保护区内土体近限制性施工作业侧
6	深层水平位移	保护区内土体	保护区内土体近限制性施工作业侧
7	地下水位	保护区内土体	保护区内土体近外部施工侧

附录 U 数字化监管关键数据

表 U 实施前建设单位应上传的限制性施工作业关键参数

序号	限制性施工作业	关键参数
1	基坑工程	1. 基坑开挖宽度、深度、围护结构形式等。 2. 基坑工程与既有结构的相对位置关系,包括水平距离、竖向距离以及施工正对区域长度、延伸区域长度。 3. 安全评估报告中有限元分析桥梁、隧道结构最终变形量。 4. 专项监测方案中桥梁、隧道结构安全控制指标、预警值
2	隧道工程	1. 隧道直径、隧道埋深、管片厚度、环宽等。 2. 隧道工程与既有结构的相对位置关系,包括水平距离、竖向距离以及施工正对区域长度、延伸区域长度。 3. 安全评估报告中有限元分析桥梁、隧道结构最终变形量。 4. 专项监测方案中桥梁、隧道结构安全控制指标、预警值
3	地基基础	1. 桩长、桩直径、高压旋喷桩施工注浆压力等。 2. 地基基础工程与既有结构的相对位置关系,包括水平距离、竖向距离以及施工正对区域长度、延伸区域长度。 3. 安全评估报告中有限元分析桥梁、隧道结构最终变形量。 4. 专项监测方案中桥梁、隧道结构安全控制指标、预警值
4	堆(卸)载	1. 加载或卸载量。 2. 堆(卸)载与既有结构的相对位置关系,包括水平距离、竖向距离以及施工正对区域长度、延伸区域长度。 3. 安全评估报告中有限元分析桥梁、隧道结构最终变形量。 4. 专项监测方案中桥梁、隧道结构安全控制指标、预警值
5	疏浚作业	1. 疏浚厚度。 2. 淤泥排放量。 3. 疏浚作业与既有结构的相对位置关系,包括水平距离、竖向距离以及施工正对区域长度、延伸区域长度。 4. 安全评估报告中有限元分析桥梁、隧道结构最终变形量。 5. 专项监测方案中桥梁、隧道结构安全控制指标、预警值

续表U

序号	限制性施工作业	关键参数
6	其他作业	1. 限制性施工作业与既有结构的相对位置关系,包括水平距离、竖向距离以及施工正对区域长度、延伸区域长度。 2. 安全评估报告中有限元分析桥梁、隧道结构最终变形量。 3. 专项监测方案中桥梁、隧道结构安全控制指标、预警值

本标准用词说明

1 为了便于在执行本标准条文时区别对待,对要求严格程度不同的用词说明如下:
　　1) 表示很严格,非这样做不可的用词:
　　　正面词采用"必须";
　　　反面词采用"严禁"。
　　2) 表示严格,在正常情况下均应这样做的用词:
　　　正面词采用"应";
　　　反面词采用"不应"或"不得"。
　　3) 表示允许稍有选择,在条件许可时首先这样做的用词:
　　　正面词采用"宜";
　　　反面词采用"不宜"。
　　4) 表示有选择,在一定条件下可以这样做的用词,采用"可"。

2 条文中指明应按其他有关标准、规范执行的写法为"应符合……的规定"或"应按……执行"。

引用标准名录

1 《爆破安全规程》GB 6722
2 《生产经营单位生产安全事故应急预案编制导则》GB/T 29639
3 《工程测量通用规范》GB 55018
4 《工程测量标准》GB 50026
5 《建筑与桥梁结构监测技术规范》GB 50982
6 《城市桥梁设计规范》CJJ 11
7 《城市桥梁检测与评定技术规范》CJJ/T 233
8 《公路桥梁技术状况评定标准》JTG/T H21
9 《公路工程技术标准》JTG B01
10 《建筑施工安全检查标准》JGJ 59
11 《建筑变形测量规范》JGJ 8
12 《道路隧道设计标准》DG/TJ 08—2033
13 《危险性较大的分部分项工程安全管理标准》DG/TJ 08—2077
14 《盾构法隧道结构服役性能鉴定规范》DG/TJ 08—2123
15 《建筑施工现场应急预案编制规程》DG/TJ 08—2211

上海市工程建设规范

道路桥梁和隧道结构安全保护技术标准

DG/TJ 08—2455—2024
J 17691—2024

条 文 说 明

2024　上海

目　次

1 总　则 ··· 83
3 基本规定 ·· 87
　3.1 一般规定 ··· 87
　3.2 限制性施工作业 ·· 87
　3.3 安全保护区域 ·· 90
　3.4 结构安全控制指标 ··· 95
　3.5 安全保护技术规定 ··· 96
4 安全评估 ·· 98
　4.1 一般规定 ·· 98
　4.2 作业前评估 ·· 98
　4.3 过程评估 ·· 99
　4.4 作业后评估 ··· 100
5 外部基坑工程 ·· 101
　5.1 一般规定 ·· 101
　5.2 设计技术要求 ··· 102
　5.3 施工技术要求 ··· 103
　5.4 基坑降水作业 ··· 103
6 外部隧道工程 ·· 105
　6.1 一般规定 ·· 105
　6.2 设计技术要求 ··· 105
　6.3 施工技术要求 ··· 106
7 外部地基基础工程 ··· 108
　7.2 设计技术要求 ··· 108
　7.3 施工技术要求 ··· 108

8	外部堆卸载作业	109
	8.2 设计技术要求	109
	8.3 施工技术要求	109
9	外部其他工程	111
	9.2 设计技术要求	111
	9.3 施工技术要求	111
10	结构监护	113
	10.1 一般规定	113
	10.2 监护检查	113
11	结构监测	115
	11.1 一般规定	115
	11.2 监测项目	115
12	结构安全保护数字化	117
	12.2 平台功能模块	117
	12.3 安全数字化管控	118

Contents

1 General provisions ··· 83
3 Basic regulations ·· 87
   3.1 General provisions ································· 87
   3.2 Restrictive construction behavior ················· 87
   3.3 Security protection area ··························· 90
   3.4 Control index for structural safety ··············· 95
   3.5 Safety protection technical regulations ········· 96
4 Safety assessment ·· 98
   4.1 General provisions ································· 98
   4.2 Pre-assignment evaluation ························ 98
   4.3 Process evaluation ································· 99
   4.4 Post assignment evaluation ····················· 100
5 External foundation pit ································· 101
   5.1 General provisions ································ 101
   5.2 Design technical requirements ·················· 102
   5.3 Construction technical requirements ············ 103
   5.4 Excavation dewatering operation ··············· 103
6 External tunnel engineering ··························· 105
   6.1 General provisions ································ 105
   6.2 Design technical requirements ·················· 105
   6.3 Construction technical requirements ············ 106
7 External foundation engineering ····················· 108
   7.2 Design technical requirements ·················· 108
   7.3 Construction technical requirements ············ 108

8	External heap unloading job	109
	8.2　Design technical requirements	109
	8.3　Construction technical requirements	109
9	Other external engineering	111
	9.2　Design technical requirements	111
	9.3　Construction technical requirements	111
10	Structural safeguard	113
	10.1　General provisions	113
	10.2　Safeguard and inspection	113
11	Structural monitoring	115
	11.1　General provisions	115
	11.2　Monitoring items	115
12	Digitalization of structural safety protection	117
	12.2　Platform function module	117
	12.3　Digital control of bridge and tunnel structure safety	118

1 总　则

1.0.1 《城市道路管理条例》《中华人民共和国公路管理条例》《上海市城市道路管理条例》及《上海市公路管理条例》等是制定本标准的法律、行政法规依据。

国务院1996年颁布的《城市道路管理条例》对城市道路和桥梁的管理作了原则性的规定，并于2011年1月8日、2017年3月1日及2019年3月24日分别进行了第一次、第二次及第三次修订，但未对城市桥梁安全保护区域作出具体规定。

2011年2月16日国务院颁布的《公路安全保护条例》规定："公路建筑控制区的范围，从公路用地外缘起向外的距离标准为：(一)国道不少于20米；(二)省道不少于15米；(三)县道不少于10米；(四)乡道不少于5米。属于高速公路的，公路建筑控制区的范围从公路用地外缘起向外的距离标准不少于30米。"同时规定，"在公路建筑控制区内，除公路保护需要外，禁止修建建筑物和地面构筑物"；"禁止在下列范围内从事采矿、采石、取土、爆破作业等危及公路、公路桥梁、公路隧道、公路渡口安全的活动：(一)国道、省道、县道的公路用地外缘起向外100米，乡道的公路用地外缘起向外50米；(二)公路渡口和中型以上公路桥梁周围200米；(三)公路隧道上方和洞口外100米"。

2010年9月17日上海市第十三届人民代表大会常务委员会第二十一次会议修订通过的《上海市城市道路管理条例》第三十四条专门对此作了原则性的规定："在桥梁、隧道安全保护区域内从事河道疏浚、河道挖掘、建筑打桩、地下管道顶进、爆破、基坑开挖等作业的，应当制定安全保护措施，向市市管处或者区、县市政工程管理部门提出申请，并提交安全保护方案，经批准后方可实施。"2010年,为进一步加强城市桥梁、隧道安全保护区域的管理,保障城市桥梁、隧道的安全,根据《上海市城市道路管理条例》的原则性规定,制定出相应的上海市市政行业标准《城市桥梁、隧道安全保护区域技术标准》。

上海市桥梁、隧道众多,存量桥梁、隧道数量庞大,新建桥梁、隧道也逐年增加。近年来,上海市政交通基础设施发展尤为迅速,已形成道路、桥梁、高架、地铁综合交通网络格局。而桥梁、隧道贯穿于闹市区,邻近的外部施工活动频繁。实践经验表明,桥梁、隧道结构的变形情况受邻近施工活动的影响显著,特别是软土地区的桥梁、隧道结构,邻近工程的堆载、卸载、桩基施工、基坑开挖、爆破、顶进、灌浆、锚杆等限制性施工作业均可能对桥梁、隧道结构产生相应变形影响。若桥梁、隧道结构在外部施工的影响下造成变形超过极限未及时发现并采取有效措施,将直接影响其结构的安全,进而影响桥梁、隧道的正常运行,给市民出行带来了安全隐患。

上海市市政行业标准《城市桥梁、隧道安全保护区域技术标准》明确了桥梁、隧道安全保护区范围和需采取相应安全保护的原则性技术要求,但目前除了一些原则性要求外尚无相关的具体技术要求。近年上海市桥梁、隧道安全保护区内新开工的施工活动越来越频繁,桥梁、隧道结构安全保护的工作量逐年增大,《城市桥梁、隧道安全保护区域技术标准》已逐渐不能适应现阶段上海市桥梁、隧道安全保护要求。

综上,为加强城市重大市政设施运营管理,针对桥梁、隧道总数量居世界前列的城市,编制属地化、针对性的技术标准具有必要性与迫切性。

1.0.2 2010年6月的上海市市政行业标准《城市桥梁、隧道安全保护区域技术标准》明确其适用范围为"用于上海市城市桥梁、道路隧道安全保护区域的范围界定,安全保护的技术要求和限制性施工作业的安全监测",尚未提及结构已完成但未投入运营的设施。随着近年上海市辖范围内重大市政交通基础设施项目的增多，重大工程经常要交叉作业，许多道路桥梁、隧道等结构虽已完成，但尚未竣工移交与投入运营，就已涉及结构安全保护问题。

查阅国内外相关规范，可发现已有类似的提法，具体如下：

1) 上海市工程建设规范《市域铁路结构安全保护技术标准》DG/TJ 08—2397—2022 第1.0.2条明确规定：本标准适用于本市已运营或结构已完成但未投入运营的市域铁路结构安全保护。
2) 广东省地方标准《城市桥梁隧道结构安全保护技术规范》DBJ/T 15—213—2021 第1.0.2条明确规定：本规范适用于已运营及正在建设的城市桥梁隧道结构，主要为市政桥梁、隧道。

基于以上几点，本标准提出更合理的适用范围，具体包括两种情况：

1) 道路桥梁和隧道结构已通车。
2) 道路桥梁和隧道结构已经施工完成，但尚未通车。

正在施工、但未完成的道路桥梁和隧道结构，不属于本标准的适用范围，但适用于安全保护区范围内已完成的道路桥梁和隧道结构安全保护。

针对在建道路桥梁和隧道结构未完成的情况，可放宽对限制性施工作业部分工况的要求。由于正在施工的道路桥梁和隧道结构，与邻近限制性施工作业的相互影响复杂，不确定因素多，需结合具体工程特点，从各自设计、施工、监测及管理方面采取合理的措施，减少相互影响，保证彼此的安全。

对于完成规划但尚未建设的道路桥梁和隧道结构，也需提前对其周边的限制性施工作业进行合理的控制，以保障道路桥梁和隧道结构的顺利建设和安全运营。

1.0.4 执行本标准中除应同时遵守国家、行业和本市现行有关标准外,还需要由相应的行政管理办法配套实施,通过相关行政管理办法中明确市以及各区市政工程管理部门的管理范围,规定安全保护区域内限制作业行为的申报、安全保护方案的论证与批准程序等。

3 基本规定

3.1 一般规定

3.1.1 城市道路与公路桥梁结构一般采用桩基础,而城市道路与公路隧道结构常采用盾构法、沉管法或明挖法施工完成。不同道路桥梁和隧道结构对限制性施工作业的敏感程度和应力应变响应有显著差异。本标准需要保护的道路桥梁和隧道结构除了主体结构外,也包括附属及配套结构。

3.1.2 道路桥梁和隧道作为重要的城市市政交通基础设施,其安全保障至关重要,同时由于其设计使用年限一般较长,结构的维修和加固均较为困难,因此要严格控制和规范道路桥梁和隧道结构周边的限制性施工作业,严禁限制性施工作业影响结构的正常使用功能、承载能力和耐久性。

3.2 限制性施工作业

3.2.1 经系统调研国内外标准、法律法规等规定,形成对于交通基础设施安全保护区内限制性施工作业定义的汇总,归纳如表1所示。

表1 限制性施工作业定义统计

地区	法规规范名称	限制性施工作业
上海市	《城市桥梁、隧道安全保护区域技术标准》(2010年版)	在城市桥梁、隧道的安全保护区域内从事河道疏浚、河道挖掘、建筑打桩、地下管道顶推、爆破、基坑开挖、大面积堆载、卸载以及其他可能损害城市桥梁、隧道安全的作业行为

续表1

地区	法规规范名称	限制性施工作业
上海市	《市域铁路结构安全保护技术标准》DG/TJ 08—2397—2022	外部基坑工程、外部隧道工程、外部其他工程（浅基础与桩基础、道路与地下管线、上跨桥梁工程与其他作业）
上海市	《上海市轨道交通管理条例》（2021年）	（1）建造或者拆除建筑物、构筑物； （2）从事打桩、基坑施工、挖掘、地下顶进、爆破、架设、降水、钻探、河道疏浚、地基加固等工程施工作业； （3）其他大面积增加或者减少载荷的活动
广东省	《城市桥梁隧道结构安全保护技术规范》DBJ/T 15—213—2021	桩基作业；基坑（槽）开挖作业；暗挖作业；地基处理；地下水作业；爆破（振动）作业；水中疏浚、抛填等作业；其他作业
杭州市	《杭州市城市桥涵安全保护区域管理规定》（2010年）	（1）河道疏浚、采砂等影响河势或河床稳定的施工作业； （2）挖掘、打桩、地下管线铺设、爆破、采石、取土、降水、地基加固等可能影响桥涵基础结构的施工作业； （3）平均荷重超过150 kN/m² 的大面积堆物等增加桥涵载荷量的其他活动； （4）其他可能损害城市桥涵的施工作业
南昌市	《南昌市城市桥梁隧道安全管理办法》（2016年）	（1）擅自从事河道疏浚、挖掘（挖沙）、打桩等作业的； （2）堆放或者加工生产易燃、易爆、腐蚀性、放射性等危险物质； （3）泊船； （4）其他损害城市桥梁、隧道安全的行为
武汉市	《武汉市城市桥梁隧道安全管理条例》（2017年）	（1）新建、扩建、改建或者拆除建筑物、构筑物； （2）敷设管线、挖掘、钻孔、爆破、桩基施工、地基加固； （3）打井、挖沙、采石、取土、堆土； （4）其他影响城市桥梁、隧道安全的作业
厦门市	《厦门市大型桥梁隧道管理办法》（2021年）	（1）挖沙、采石、采矿、取土、倾倒废弃物、实施爆破作业； （2）设立易燃易爆仓库、存放危险化学品； （3）养殖、停泊船舶

续表1

地区	法规规范名称	限制性施工作业
合肥市	《加强城市桥梁、隧道安全保护区域施工项目管理的通知》	河道疏浚、河道挖掘、建筑打桩、地下管道顶进（含盾构推进）、爆破、基坑开挖、大面积堆载（卸载）以及其他可能损害城市桥梁、隧道安全的作业行为
深圳市	《地铁运营安全保护区和建设规划控制区工程管理办法》（2016年）	（1）新建、扩建、改建或者拆除建筑物、构筑物； （2）爆破和机械振动、挖掘、地基加固、钻探、打桩、顶进、打井、抽水施工； （3）大面积增加或减少荷载活动； （4）在过江(河)隧道段挖沙、疏浚河道； （5）架设、埋设管线，地下坑道穿越地铁设施； （6）移动、拆除和搬迁地铁设施； （7）对地铁出入口、风亭、冷却塔、变电站等设施设备进行围圈施工； （8）其他可能危害地铁设施安全与运营安全的行为

基于以上调研，考虑上海软土地区岩土体特性与工程特点，根据实际工程常见的作业类型，吸收前述国内相关法规规范相关规定，综合得出常见的主要有堆卸载作业、爆破（振动）作业、水中疏浚/抛填等作业、其他影响道路桥梁和隧道结构安全的作业等，以更方便实际应用与执行。

3.2.2 外部基坑工程安全等级应符合上海工程建设规范《基坑工程技术标准》DG/TJ 08—61—2018 第 3.0.1 条的规定。根据基坑的开挖深度，基坑工程安全等级应分为以下三级：

1 基坑开挖深度大于等于 12 m，属一级安全等级基坑工程。

2 基坑开挖深度小于 7 m，属三级安全等级基坑工程。

3 除一级和三级以外的基坑均属于二级安全等级基坑工程。

3.2.3 本条对道路桥梁和隧道安全保护区域内实施的地基处理、浅基础与桩基础等工程进行限定，其中地基处理、浅基础及桩基础应分别满足现行国家标准《建筑地基基础设计规范》GB 50007 及现行行业标准《建筑地基处理技术规范》JGJ 79、《建筑桩基技术规范》JGJ 94 的规定。为确保安排与方便区分不同的桩基础的影响,根据《桩基工程手册》(人民交通出版社,2008),按成(沉)桩方法对周围土层扰动程度的不同,可以将桩基工程分为三类:

1 挤土桩,主要是各类打入或压入的预制桩、封底的钢管桩和混凝土管桩、沉管灌注桩等。

2 部分挤土桩,主要是各类打入或压入的Ⅰ型或H型钢桩、钢板桩、开口式的钢管桩、螺旋桩等。

3 非挤土桩,主要是各类挖孔或钻孔桩、预钻孔埋入桩等。

由于部分挤土桩的挤土程度难以定量确定,偏于安全考虑,本标准把部分挤土桩归入挤土桩的类别中,将桩基分为挤土桩和非挤土桩两大类。

3.3 安全保护区域

3.3.1 本条文的制定综合考虑了上海市相关管理文件规定、技术标准与相关行业规范标准等。

① 上海市市政工程管理处发文(沪市管〔2007〕149号)规定:越江大桥、隧道的安全保护区域范围划定为垂直投影面及投影面两侧各 80 m;市管城市桥梁的安全保护区域范围划定为垂直投影面及投影面两侧各 60 m(恒丰路立交桥为 80 m);而中环路、内环高架、南北高架、延安高架、沪闵高架以及逸仙路高架均为垂直投影面及投影面两侧各 60 m。

② 上述规定执行一段时间后,2010 年 6 月上海市城乡建设和交通委员会发布了《城市桥梁、隧道安全保护区域技术标准》。该标准第 3.3.2～3.3.6 条对城市桥梁、隧道安全保护区域,根据施工作业类别以及桥梁、隧道的分类等作了细致划分,经汇总整理,形成表2、表3。

表 2　桥梁安全保护区划分

序号	作业类型	安全保护区范围(m)				
1	基坑工程	作业分类＼桥梁分类	特大桥	大桥	中桥	小桥、涵洞
		一级基坑	75	65	55	50
		二级基坑	65	55	50	45
		三级基坑	55	50	45	40
2	桩基工程	作业分类＼桥梁分类	特大桥	大桥	中桥	小桥、涵洞
		挤土桩	80	60	50	40
		非挤土桩	40	30	25	20
3	爆破作业	桥梁周围 200 m 范围				
4	堆载（或卸载）作业	桥梁垂直投影面周边 50 m 范围				
5	疏浚作业	桥梁跨越的河道上下游(桥梁外边线两侧)各 30 m 范围				

注:表中有关定义可按照现行上海市工程建设规范《道路隧道设计标准》DG/TJ 08—2033。

表 3　隧道安全保护区划分

序号	作业类型	安全保护区范围(m)			
1	基坑工程	作业分类＼隧道分类	超长隧道、特长隧道、长隧道	中隧道	短隧道
		一级基坑	60	55	50
		二级基坑	55	50	45
		三级基坑	50	45	40
2	桩基工程	作业分类＼隧道分类	超长隧道、特长隧道、长隧道	中隧道	短隧道
		挤土桩	70	60	50
		非挤土桩	35	30	25
3	爆破作业	隧道上方、上方中心线两侧和隧道洞口外 100 m 范围			

— 91 —

续表3

序号	作业类型	安全保护区范围(m)
4	堆载（或卸载）作业	隧道外边线两侧及隧道边线上方各 70 m 范围
5	疏浚作业	隧道结构外边线两侧各 100 m 范围

注：表中有关定义可按照现行上海市工程建设规范《道路隧道设计标准》DG/TJ 08—2033。

本标准充分考虑了表 2 和表 3 中的相关数据以及上海市市政工程管理处相关文件，主要思路是：

针对道路桥梁安全保护区域，将特大桥、大桥两种分类归并为第一类，而将中桥、小桥、涵洞归并为第二类，同时按最不利的原则取较大值，进行桥梁安全保护区域的划定（即表 2），结果偏于安全，同时也对于实际的工程有适应的简化。

而针对道路隧道安全保护区域划分，部分沿用了《城市桥梁、隧道安全保护区域技术标准》的分类法，将超长隧道、特长隧道、长隧道列为第一类，将中隧道、短隧道合并为第二类，并按最不利原则进行隧道安全保护区域的划定（即表 3），除短隧道是按照中隧道有适当扩大范围外，其他各种隧道的安全保护区域与《城市桥梁、隧道安全保护区域技术标准》完全一致。

具体工程操作时，有关城市桥梁各类的划分，可参照现行行业标准《城市桥梁设计规范》CJJ 11，按单孔跨径长度或多孔跨径总长分为特大桥、大桥、中桥和小桥四类，如表 4 所示。

表 4 城市桥梁按总长或跨径分类

桥梁分类	多孔跨径总长 L(m)	单孔跨径 L_0(m)
特大桥	$L \geqslant 500$	$L_0 \geqslant 100$
大桥	$500 > L \geqslant 100$	$100 > L_0 \geqslant 40$
中桥	$100 > L \geqslant 30$	$40 > L_0 \geqslant 20$
小桥	$30 > L \geqslant 8$	$20 > L_0 \geqslant 5$

需要说明的是,现行行业标准《城市桥梁设计规范》CJJ 11 从重要性角度考虑,将高架道路归为大桥类,同时《城市桥梁、隧道安全保护区域技术标准》表 3.1.1 中规定,对列为上海市近代优秀保护建筑或文物的桥梁,应按大桥划定保护区域,故本规范将上述内容归纳进去。

城市隧道分类依据则可按照现行上海市工程建设规范《道路隧道设计规范》DG/TJ 08—2033,具体按其封闭段长度可分为五类,见表 5。

表 5　城市道路隧道分类

隧道封闭段长度 L(m)				
超长隧道	特长隧道	长隧道	中隧道	短隧道
$L>5\,000$	$5\,000 \geqslant L > 3\,000$	$3\,000 \geqslant L > 1\,000$	$1\,000 \geqslant L > 500$	$L \leqslant 500$

注:隧道封闭段长度指隧道两端洞口之间暗埋段的长度。

公路桥梁隧道采用现行行业标准《公路工程技术标准》JTG B01 为分类依据,具体见表 6、表 7。

表 6　公路桥梁分类

桥梁分类	多孔跨径总长 L(m)	单孔跨径 L_0(m)
特大桥	$L>1\,000$	$L_0>150$
大桥	$100<L\leqslant 1\,000$	$40\leqslant L\leqslant 50$
中桥	$30<L<100$	$20\leqslant L<40$
小桥	$8\leqslant L\leqslant 30$	$5\leqslant L<20$

注:1. 单孔跨径系指标准跨径。
　　2. 梁式桥、板式桥的多孔跨径总长为多孔标准跨径的总长;拱式桥为两端桥台内起拱线间的距离;其他形式桥梁为桥面系车道长度。
　　3. 标准跨径:梁式桥、板式桥以两桥墩中线间距离或桥墩中线与台背前缘间距为准;拱式桥和涵洞以净跨径为准。

表 7　公路道路隧道分类

隧道封闭段长度 L(m)				
隧道分类	特长隧道	长隧道	中隧道	短隧道
隧道长度	$L>3\,000$	$3\,000 \geqslant L > 1\,000$	$1\,000 \geqslant L > 500$	$L \leqslant 500$

3 作为对比,查阅上海市轨道交通结构与市域铁路的相关规定如下。

现行上海市工程建设规范《城市轨道交通结构监护测量规范》DG/TJ 08—2170 规定的安全保护区范围为:

① 地下车站与隧道外边线外侧 50 m 内;

② 地面车站和高架车站以及线路轨道外边线外侧 30 m 内;

③ 出入口、通风亭、变电站等建筑物、构筑物外边线外侧 10 m 内。

而现行上海市工程建设规范《市域铁路结构安全保护技术标准》DG/TJ 08—2397 确定的市域铁路安全保护区范围为:

① 地下车站主体结构和区间结构外边线外侧 50 m 内;

② 地面车站、高架车站和区间结构外边线外侧 30 m 内;

③ 车站附属结构及其他结构外边线外侧 10 m 内;

④ 当市域铁路控制保护区遇特殊的工程和水文地质条件或特殊的外部作业时,应适当扩大控制保护区范围。

对比以上可见,与上海市轨道交通结构、市域铁路等不同,道路桥梁和隧道的安全保护区域划分充分考虑了作业分类、作业特点以及结构分类等,划分方法针对性较强,同时也具有较高操作性。

4 确定安全保护区域时,应根据表 2 以及表 3 进行针对性划分。限制性施工作业为外部隧道工程时,工作井按外部基坑工程、盾构段按照挤土桩考虑;限制性施工作业为外部地基处理及其他工程时,可采用专门论证等方法综合确定,实在无条件时可考虑按挤土桩加以确定。

3.3.2 现行上海市工程建设规范《市域铁路结构安全保护技术标准》DG/TJ 08—2397 的规定是"除城市重要基础设施项目、与市域铁路正常运营密切相关的项目外,下列范围内不应进行其他外部作业:①地下车站主体结构与区间结构外边线外侧 5 m 内;②其余结构外边线外侧 3 m 内"。而根据上海市工程建设规范

《城市轨道交通结构安全保护技术标准》DG/TJ 08—2434—2023 第3.0.8条规定:"在城市轨道交通结构外边线3 m范围内不应进行外部作业。"

根据道路桥梁和隧道的结构特征,其与地下车站主体结构与区间结构不同,而与地铁隧道、地下桩基等更为相近,因此取小值,要求3 m范围内原则上不应进行限制性作业,结果偏于安全,但更利于对道路桥梁和隧道的保护。

3.3.3 当道路桥梁和隧道分期建设时,后期道路桥梁和隧道的修建对先期既有结构的不利影响,主要体现在后期上跨或下穿、近距离并行施工等影响。先期修建的道路桥梁和隧道工程,应针对后期道路桥梁和隧道的修建可能产生的不利影响,提前采取相应的应对措施,以降低后期修建对先期结构的不利影响。若同步施工难以实施,也应优先考虑同步设计,预留必要的接口,并提前做好必要的应对措施,以尽可能降低后期修建对先期既有结构的影响;若后期道路桥梁和隧道尚未规划设计,则后期道路桥梁和隧道的修建应按本标准的相关规定执行,以保证道路桥梁和隧道的安全和正常使用。

3.4 结构安全控制指标

3.4.2 本条对道路桥梁和隧道结构变形预警值进行了明确规定,但实际施工中可能涉及前期变形大于规定数值或者遇到特殊的限制性施工作业等情况。如深隧工程中超深基坑挖深超过56.5 m,此时可采用专家评审、数值模拟及类比分析等方法加以综合确定。

3.4.3 特殊的工程地质和水文地质指在该水文地质条件下,条文中安全保护区域以外的作业仍可能对道路桥梁隧道结构产生明显影响,如:地基中存在压力较高的承压水。特殊的限制性施工作业指其作业影响范围可能超过条文中安全保护区规定的距离,如:某些工程如深隧工程中超深基坑挖深超过 56.5 m,以最小的 2 倍挖深的影响范围估计,其影响范围大于本标准提到的 75 m。道路桥梁和隧道为低等级状态,主要指限制性施工作业前进行的检测表明结构的变形或损伤已经超出了规范所标明的限定范围,即已经处于不安全状态,根据现行上海市工程建设规范《道路隧道养护运行评价技术标准》DG/TJ 08—2425 认定隧道综合状况等级为 4 类、5 类时,或根据现行行业标准《公路桥梁技术状况评定标准》JTG/T H21 认定公路桥梁总体技术状况等级为四类、五类,或根据现行行业标准《城市桥梁养护技术规范》CJJ 99 认定城市桥梁状况等级为 D、E 级时,均为不合格状态。历史保护桥梁主要指有文化价值的历史性建筑。对于以上四种情况,需要提高道路桥梁隧道安全保护标准以确保安全。

3.5 安全保护技术规定

3.5.1 在道路桥梁和隧道安全保护区域内从事限制性施工作业行为前,应征询桥梁隧道管理单位意见,并委托具备相应资质条件的第三方,根据保护对象的性质、施工影响程度及安全保护等级,开展道路桥梁和隧道结构安全作业前评估且评审通过后方可实施,必要时请原道路桥梁和隧道结构设计施工单位参与评估论证。

3.5.2 对于危险性较大的分部分项工程均需要制定专项施工、监测与应急救援方案,并经专家评审与行政许可通过方能实施。

3.5.3 道路桥梁和隧道结构在建造过程中可能已有一定的初始变形,也可能存在结构损伤、开裂等初始缺陷;在运营过程或移交接管前,列车荷载作用和各种限制性作业的影响下,变形和结构缺陷将有所发展。因此,建立长期的安全监测、掌握道路桥梁和隧道结构的服役状况等资料非常重要。通过定期对结构安全进行鉴定和评估,可以保证道路桥梁和隧道结构的运营安全,同时掌握其耐久性能,为确定限制性作业允许的结构安全控制指标值提供依据。

3.5.4 监测、监护工作参与单位的资质应满足国家法律、相关规范及文件的要求。

《工程勘察资质标准》(建市〔2013〕9号)规定:工程测量专业甲级资质可从事的业务范围包括地基基础设计等级为甲级的建筑变形,重要古建筑变形,大型市政桥梁变形,重要管线变形,场地滑坡变形;工程测量专业乙级资质可从事的业务范围包括地基基础设计等级为乙、丙级的建筑变形,地表、道路沉降,中小型市政桥梁变形,一般管线变形。

现行国家标准《建筑基坑工程监测技术标准》GB 50497规定:依据《建设工程勘察设计资质管理规定》(建设部160号令),考虑基坑工程监测的专业特点,为保证基坑工程监测工作的质量,基坑工程监测单位应同时具备岩土工程和工程测量两方面的专业资质。

根据国家法律、相关规范及文件的要求,大型市政桥梁隧道结构变形工作应由具有工程测量专业甲级资质的单位承担,中小型市政桥梁隧道结构变形监测工作可由具有工程测量专业甲、乙级资质的单位承担。外部工程为基坑工程的限制性施工作业建设单位委托的桥梁隧道结构监测单位应具备岩土工程与工程测量两个方面的专业资质。

根据《公路养护作业单位资质管理办法》(交通运输部令2021年第22号),公路养护作业单位资质分为路基路面、桥梁、隧道、交通安全设施养护四个序列。路基路面、桥梁、隧道养护资质下设甲、乙两个等级,交通安全设施养护资质不分等级。

3.5.5 限制性施工作业实施后应根据评估意见与结论,采取必要的维护、修复和进一步监测等措施,以确保道路桥梁和隧道结构的安全。

4 安全评估

4.1 一般规定

4.1.1 限制性施工作业安全评估应贯穿于限制性施工作业的事前、事中和事后全过程多阶段，同时根据实际需要划分为作业前评估、作业后评估以及必要的过程评估。

4.2 作业前评估

4.2.1 道路桥梁和隧道结构在建造过程中可能已有一定的初始变形，也可能存在结构损伤、开裂等初始缺陷；通车使用前，在各种限制性作业等影响下，变形和结构缺陷将有所发展。因此，掌握道路桥梁和隧道结构的服役状况等资料非常重要，有条件时应定期对结构安全进行鉴定和评估，为确定限制性施工作业允许的结构安全控制指标值提供依据。

4.2.2 限制性施工作业实施前，需要掌握道路桥梁和隧道结构的当前安全状态，应根据现行上海市工程建设规范《盾构法隧道结构服役性能鉴定规范》DG/TJ 08—2123 及现行行业标准《城市桥梁检测与评定技术规范》CJJ/T 233 等评估当前道路桥梁和隧道结构的安全状况、持续抗变形能力和承载能力，为后续评估工作起到一定的指导作用。现状调查主要指对施工质量缺陷的调查，如隧道结构现状裂缝数量、长度、宽度以及渗漏水情况，桥梁结构的沉降、裂缝位置等情况。

对于道路桥梁结构计算分析，宜考虑桩土相互作用的影响；对于道路隧道结构，宜考虑地层-结构相互作用的影响。根据结构所采用的材料类型,对于混凝土结构,依据现行国家标准《混凝土结构设计规范》GB 50010,分别以裂缝、强度控制两种工况进行验算,估算结构的安全度;对于钢结构,依据现行国家标准《钢结构设计标准》GB 50017,分别以强度、稳定性控制两种工况进行验算。考虑桩土相互作用、地层-结构相互作用,建立三维有限元模型。计算分析时应考虑既有结构所受的既有荷载,对作业的施工阶段进行模拟分析,预测限制性施工作业诱发的既有结构变形及内力响应。

采用多种手段(包括理论和经验法评估、典型剖面计算复核、有限元软件的数值模拟分析等)定量分析限制性施工作业引起的桥梁和隧道的内力和变形,包括隧道的水平位移、竖向变形、收敛等,以及桥梁的沉降等,以判断相应指标是否满足结构安全控制指标值。

4.2.3 对于危险性较大的分部分项工程,应按照现行国家标准《生产经营单位生产安全事故应急预案编制导则》GB/T 29639 和现行上海市工程建设规范《建筑施工现场应急预案编制规程》DG/TJ 08—2211、《危险性较大的分部分项工程安全管理标准》DG/TJ 08—2077 等规定编制安全保护专项方案。

4.2.4 对于危险性较大的分部分项工程的专项方案均要经过专家论证后方可实施,具体可根据现行上海市工程建设规范《危险性较大的分部分项工程安全管理标准》DG/TJ 08—2077 等规定进行。

4.3 过程评估

4.3.1 监测数据的分析对于研判未来结构变形与稳定至关重要。通过超前预测,可以灵活地进行相关限制性施工作业的监控,以指导相关施工。

4.3.3 限制性作业施工过程中,通过对比现场监测数据与限制性施工作业影响预评估的结果，判断既有结构是否处于可控状态。若监测数据达到或超过控制值的80%、原有病害较快发展或出现新增病害，应根据限制性施工作业实际情况进行反演分析调整地层参数，并重新建立地层-结构模型，评估既有结构的当前状态和继续抗变形能力、承载能力，综合评定后续限制性施工作业施工方案和保护方案的可行性。必要时，可根据分析结果及时修正安全控制指标，要求限制性施工作业重新制定既有结构保护方案、增加保护措施，甚至调整设计或施工方案。评估单位需根据新设计或施工方案，重新评估其可行性。

4.4 作业后评估

4.4.1 事后评估工作应基于限制性施工作业完成后桥梁和隧道结构的结构调查结果和作业过程中的监测数据开展。

4.4.3 限制性施工作业若造成病害超标，应根据后评估报告，积极采取措施开展维修与加固。

5 外部基坑工程

5.1 一般规定

5.1.1 钻孔灌注桩作为围护桩在基坑工程中应用广泛。钻孔灌注桩钻孔过程中会对土压力和孔隙水压力造成一定的释放,如这种压力释放过于迅速则极易造成坍孔,钻孔灌注桩坍孔势必造成更大的压力释放。因此,钻孔灌注桩施工对临近既有结构会产生一定的影响,造成其向钻孔灌注桩施工方向的位移趋势。

地下连续墙成槽施工对周边环境会产生较钻孔灌注桩更为明显的影响。开挖成槽时,槽的四面孔壁可能会因临空而失稳,尽管槽内注入的泥浆有利于槽壁稳定,但槽壁土体的应力和变形仍会受到较大影响。在粉砂土地层,成槽施工的环境影响问题更为突出。

水泥搅拌桩和高压旋喷桩施工也有可能造成较大的环境影响。成桩过程对原土体进行搅拌或切割,使周边土体强度降低;浆液压力较大、连续施工、快速施工时,环境影响的叠加效应更加明显。

深基坑开挖引起邻近道路桥梁和隧道结构的变形是一个比较复杂的过程。以盾构隧道为例,旁侧基坑开挖时,隧道主要产生斜向坑底的变形,隧道横截面主要表现为横鸭蛋形。隧道移动总体表现是以水平为主,即水平方向上的移动量远大于竖直方向的移动量。由于卸荷,隧道衬砌结构靠近基坑部分主要以沉降为主,远离基坑部分主要以上浮为主。随着基坑开挖深度的逐渐增大,隧道横断面沉降和收敛变形呈现逐渐增大的趋势,二者关系一般近似线性比例。

在既有结构周边采取降水措施时,降水引起的渗流力作用于既有结构上,直接使其产生内力和变形;降水引起的地基变形也同时加大了既有结构的变形。

5.1.2 基坑变形受多方面因素制约,主要包括:
  1)客观因素,如水文地质条件、周边环境条件等。
  2)设计因素,如围护结构选型、围护墙及支撑刚度、地基加固及承压水隔断或降压等。
  3)施工因素,如超挖、施工周期、施工工法等。

  国内外对于基坑围护墙(桩)的刚度、支撑刚度及地基加固等对基坑变形影响研究已较为深入,工程实践表明,下列设计措施有较好的变形控制效果:
  1)加大支护结构刚度。
  2)土体加固、改良。
  3)基于时空效应控制的措施。
  4)在围护墙与保护对象之间采取隔离措施。
  5)设置截水帷幕,采取有效的地下水控制措施。

5.1.3 软土地基上,基坑面积越大,基坑开挖深度越深,基坑施工时间就越长,累计变形控制难度就越大,对设计与施工的要求也就越高。由于既有结构对变形的控制要求相当严格,特别是盾构隧道,其数值一般在 5 mm～15 mm 之间,因此,要有效达到变形控制目的,限制基坑面积、采取分坑措施,是必要的。

  既有结构顶部卸载会产生隆起变形,变形过大易产生结构开裂、渗水等病害。根据既有盾构隧道工程经验,分层开挖每层卸土厚度应严格控制,平面上横向宜先开挖盾构隧道上方两侧的土体,最后开挖盾构隧道正上方的土体,宜保持对称均匀;施工过程中盾构隧道抗浮不满足要求时,可采取合理压重措施。

5.2 设计技术要求

5.2.2 道路桥梁和隧道结构周边进行围护结构、止水帷幕和地基加固施工，宜采用数值分析和工程类比等手段预先评估成桩、成墙施工对既有轨道交通结构的影响。

为有效控制上方基坑作业对既有道路桥梁和隧道结构的影响，建议：基坑纵横向一次性开挖长度不宜超过 12 m，竖向分层厚度不宜超过 1.5 m，挖土至标高后，钢支撑施工宜在 15 h 内完成，混凝土支撑施工宜在 48 h 内完成，垫层施工宜在 15 h 内完成，基础底板施工宜在 10 d 内完成；土质条件较差时，应进一步严格控制。当既有地下结构为盾构法或顶管法结构时，纵向分段长度沿既有结构轴线方向不宜大于 8.0 m（最后一层土宜加密至 3.0 m～5.0 m），底板宜在基坑开挖至坑底后 3 d～5 d 内完成浇筑施工。

5.2.3 上方基坑在平面上与道路隧道结构重合，施工条件恶劣，应充分考虑施工设备及围护结构自重、围护成槽（孔）扰动以及动力作用等引起的地基变形对道路桥梁和隧道结构的不利影响。建议选择重量轻、性能良好的施工机械，并通过铺设路基板等措施扩散荷载；对灵敏度较高的软土，严格控制成桩次序和速度，避免扰动轨道交通结构周边土体。

5.3 施工技术要求

5.3.1 通过面积和单体基坑长度的控制，可以有效改善基坑的时空效应。一般的基坑工程常由施工方通过分段分块施工措施来体现时空效应。实践表明，这种措施的人为影响因素多，实际操作难以控制。因此，时空效应的最终落实在于工程施工，施工方案制定时应细化设计要求，体现设计意图。

5.4 基坑降水作业

5.4.1 地层发生流土、管涌等渗流破坏时，往往难以采取有效措施及时进行事后处理,容易对道路桥梁和隧道结构产生较大的危害。因此,应采取措施避免既有结构周边地层发生流土、管涌和渗流破坏。地下水作业的方案设计应依据场地典型地层的抽水试验、室内渗透试验和当地工程经验进行。地下水作业方案设计的关键在于获取可靠的水文地质参数,如地层的渗透系数等,因此,宜进行必要的试验,并结合当地的工程经验进行设计。

5.4.2 经验表明,地下工程事故大部分都与地下水有关,因此,应特别注意地下水作业对道路桥梁和隧道结构产生的不利影响,地下水作业过程应采取合适的地下水控制技术。

5.4.3 地下水水位变化如水位下降会诱发地层产生附加应力,一方面会导致结构的外壁压力发生改变,影响结构的受力状态,进而诱发结构产生变形;另一方面会导致地层沉降,进而诱发结构发生沉降,在深厚软土地层水位下降诱发的沉降尤为突出。因此,地下水作业前应预测水位变化对道路桥梁和隧道结构的变形及位移影响,必要时,应采取相应的防控措施。

6 外部隧道工程

6.1 一般规定

6.1.1 外部隧道工程施工对既有道路桥梁和隧道结构的影响与二者之间的空间关系密切相关。通常,穿越工程采用盾构法、顶管法等开挖影响可控的工法。

6.1.2 通常,道路桥梁和隧道结构设计工作年限为100年,外部隧道工程的设计标准及耐久性应满足相应要求。外部隧道工程的运营安全直接关系道路桥梁和隧道结构的安全,故应有可靠的运营监护机制,尤其是外部的高压燃气管、大直径有压管道工程等。

6.2 设计技术要求

6.2.1 已有盾构施工实践表明,曲线半径越小,盾构机姿态控制及成型管片质量越容易出现问题,宜在线路设计上予以避免。

交叉角度越大,影响范围越小;交叉角度越小,影响范围越大。即选择大角度方式穿越既有结构,可减小影响区域和穿越施工时间。

长距离平行或接近平行状态的穿越工程,影响范围大,穿越施工时间长,出现事故的概率就越大,故应尽量避免或减小与道路桥梁和隧道结构处于长距离平行或接近平行状态。

6.2.3 理论上,穿越施工距离控制在1倍隧道直径外能保证安全,借鉴现行上海市工程建设规范《城市轨道交通结构安全保护技术标准》DG/TJ 08—2434,并结合已有近距离穿越工程案列,明确竖向净距控制在 $0.5D_2$;穿越工程竖向净距控制不满足 $0.5D_2$ 时,应对穿越方案进行充分论证。同时,考虑并行隧道影响范围大、穿越施工周期长,竖向净距控制在 $1.0D_2$。

通常来讲,穿越工程为上穿且采用非开挖施工时,穿越影响显著减小,竖向净距可减小到 3 m,但应满足抗浮要求。但当既有隧道为矿山法隧道时,应评估上穿外部隧道对既有隧道压力拱的影响,合理地选择上穿、下穿方案。

6.2.4 明挖隧道整体刚度优于盾构隧道,并考虑已有近距离穿越工程案例,明确竖向净距控制在 3.0 m,水平净距控制在 2.0 m。同时,应注意盾构隧道本身的抗浮问题,以及竖向、平面避开明挖隧道的工程桩、抗浮桩、围护桩等结构。

近年来,随着地下空间的高强度开发,盾构线型条件越来越苛刻,盾构机主动切削桩基的工程案例越来越多。但上海属软土地区,桩基抗水平位移能力相对较弱。盾构机主动切削桩基时,容易将桩基顶倾斜,故应谨慎采用盾构机主动切削桩基技术。若不得不采用,应评估技术的安全性,采用必要的加固措施。

6.2.5 上海地区,多为摩擦群桩基础。盾构施工掘进中开挖面支护压力及刀盘转动引起土体变位,将对桩身产生作用力,结合已有近距离穿越工程案例,明确净距控制在 3.0 m;对于近距离穿越,为减少应力传递影响,可采取隔离桩措施。

6.3 施工技术要求

6.3.1 盾构施工本身存在试验段,但是由于其变形控制标准低于道路桥梁和隧道结构保护要求,故仍应进行针对性的试验并确定各项施工参数。

浙江省工程建设标准《城市轨道交通结构安全保护技术规程》DB33/T 1139—2017 规定的试验段为 50 m。广东省标准《城市轨道交通既有结构保护技术规范》DBJ/T 15—120—2017 规定的试验段为 50 m～100 m。综合比选,确定为 50 环。

6.3.2 盾构、顶管施工时的地层损失率与盾构机、顶管机的能力、刀具配置、控制机械等息息相关。因此,在盾构、顶管设备选型时,应综合考虑工程地质和水文地质条件、施工扰动范围、道路桥梁和隧道结构状况等因素进行设计。此外,已有的盾构施工经验表明,盾构机的切削系统、注浆系统等设备选型与盾构姿态控制及施工质量存在较大的关系,而且盾构施工不具备可逆性,故道路桥梁和隧道结构的盾构选型及施工方案需要进行专项审查。

6.3.3 盾构施工对周围地层影响不可避免,应保证推进施工时开挖压力及注浆压力可控。注浆材料的选择非常重要,理论上双液浆具有早期强度,可以快速实现盾尾填充,但由于双液浆通常容易堵塞注浆管路,工程上实施存在困难,故盾构工程一般采用具有一定早期强度的惰性浆液(24 h)。

6.3.4 下穿工程位于透水性砂层时,考虑管涌和流砂的风险,不建议采用顶管工艺;既有道路桥梁隧道结构 $0.5D$ 范围内的穿越工程,不应采用挤土型顶管工艺。

7 外部地基基础工程

7.2 设计技术要求

7.2.2 桩基础对邻近道路桥梁和隧道结构的影响,与桩径、桩间距、桩长、桩型、施工工艺等均有一定关系。由于桩基础的变形发展是一个长期的过程,因此,应综合考虑成桩施工、基坑开挖、上部结构施工、使用荷载、地基固结等全过程各因素的影响,优先采用对周边环境影响较小的措施和参数,例如:保证桩基的有效桩长,采用非挤土桩、加大桩间距等。

桩基础的承载力由侧摩阻力和端阻力组成,上部结构荷载通过桩传入地基,对隧道结构产生附加荷载,整个桩基础作用于既有结构的累计附加荷载应严格控制。

7.3 施工技术要求

7.3.1 当桩基作业采用锤击打入、振动沉入等作业方案时,成桩过程中的振动会对周边结构受力及变形产生影响,应结合周边环境、场地地质条件、工程桩设计参数、成桩速率等诸多因素结合地区经验综合评估振动对城市桥梁隧道的影响。

7.3.3 高压旋喷桩施工很容易使周边土体产生位移,进而对城市桥梁隧道产生挤压变形,严重时会使周边土体产生向上隆起,对桥隧结构产生较大影响,使结构存在安全隐患,需要避免。

8 外部堆卸载作业

8.2 设计技术要求

8.2.3 一般堆载采用天然土体,土体重度在 18 kN/m³ 左右。若将天然土体换成更为轻质的材料,则可以在不影响堆坡高度的前提下有效减少荷载,进而减少堆坡对道路桥梁和隧道的影响。世博文化公园在打浦路隧道保护范围内的最大景观堆坡高度为 3 m 左右,采用 EPS 堆坡与换填结合的方案,并分区控制地面超载,公园北区于 2021 年 12 月底建成开园,根据监测数据,打浦路隧道总体沉降较平稳,堆载区域内沉降均小于 10 mm。

位于世博文化公园的人工仿自然山"双子山"高度 48 m,整体采用打设桩基+结构架空的方案,结构空腔可与假山结构连成一体,在满足"双子山"假山延续性的同时降低成本,并有效减少对周边打浦路隧道及高架桥的影响。

8.2.4 采用聚苯乙烯泡沫等材料换填时,需要注意排水系统的设计,防止内部积水增加堆坡荷载,同时也需要防止排水不畅造成聚苯乙烯泡沫上浮。聚苯乙烯泡沫的排水层可从下往上依次为疏水板、土工布包裹碎石,疏水板将雨水等截留至聚苯乙烯泡沫板边缘的排水盲管中,由排水盲管引流至市政雨水管中。排水盲管需要包裹在由无纺布包裹的碎石中,可有效防止施工中的挤压破坏。

8.3 施工技术要求

8.3.1 为尽可能减少卸载时间,换填土时,需在开挖完成后尽快回填,分区面积应尽可能小,一般需要在 24 h～28 h 内完成开挖并回填。

8.3.2 上海外滩通道基坑上跨延安路盾构隧道造成卸荷影响时,在基坑见底后立即浇筑垫层与底板混凝土,并掺入早强剂迅速形成强度后在上方进行堆载,堆载量与卸土量大致保持平衡,同时辅以降水,减小了底板强度形成期间隧道承受地下水的上浮力,控制上移趋势,取得了较好的效果。因此,本条将类似成熟工程经验纳入标准,并提出相应的技术要求。

8.3.3 由于开挖卸载不对称导致土压不平衡引起隧道偏转时,应立即在隧道抬升侧实施反压,及时纠偏。坑底堆载材料可用钢锭、预制混凝土块,隧道内部的堆载材料应考虑运输、添卸灵活,可用铁砂、矿粉或钢板等。

9 外部其他工程

9.2 设计技术要求

9.2.3 跨线架空作业的相关标准有现行国家标准《66 kV 及以下架空电力线路设计规范》GB 50061、《110 kV～750 kV 架空输电线路设计规范》GB 50545 等。

9.3 施工技术要求

9.3.1 拖拉管施工工艺由于工艺成熟、占用场地少,常在市政工程直径 300 mm～1 200 mm 的管道施工中采用。为防止导向孔钻进过程中钻头偏移而损伤隧道设施,故需要严格控制导向钻孔轴线与设计轴线的偏离度;拖拉施工结束,产品管与回扩孔之间的空隙处理,不能采用类似开槽埋管的施工方法进行回填密实。对于横穿隧道结构的管线部位,孔内泥浆团结后,可能出现周边土体下沉,因此对于空隙填充应有针对性措施。

地下管线采用顶管施工时,需要注意下列事项:①顶管施工过程中,需要严格检测顶管机的位置、姿态,并及时修正其位置、姿态;②顶进前需要完成各种防护设施的施工,顶进时控制好顶力和顶进方向;③施工过程中严禁在保护区内堆载,以避免因堆载而引起结构的沉降或变形;④基坑开挖过程中应严格控制基坑变形,如需支撑时应做到先撑后挖,及时支撑;⑤基坑开挖后应及时施工,避免长期暴露,以免影响基坑的安全稳定。

9.3.2 地下管线与道路桥梁和隧道结构存在交叉施工时,常在设计阶段就会对施工工序、各自高标等进行讨论和明确。拖拉管施工工艺,轴线控制精度相对较差,通常难以达到穿越施工的需求。采用拖拉管实施的外部地下管线,线路常与前期编制的专项设计、施工方案相悖,增加穿越的风险。

10 结构监护

10.1 一般规定

10.1.2 结构监护宜配备数字化管理系统。管理系统宜具备项目管理、检查管理、报表统计等功能。借助移动端信息填报功能,在现场检查时可实时上报情况,同时进行记录存储。鼓励采用自动巡检机器人等新技术手段。

10.1.3 一般性检查、特殊检查的含义。

1 一般性检查包含日常检查和经常性检查。
   1) 日常检查:是对道路桥梁和隧道土建结构外观进行的日常巡视检查;
   2) 经常性检查:是按规定对道路桥梁和隧道土建结构的基本技术状况进行全面检查,主要是针对道路桥梁和隧道的主要设施、设备存在的缺陷进行专业和规模较大的检查。

2 特殊检查包含应急检查和专项检查。
   1) 应急检查:是在道路桥梁和隧道出现特殊情况后,对遭受影响的结构立即进行的详细检查;
   2) 专项检查:是根据一般性检查的结果,根据需要而进行的更深入、更有针对性的检查。

10.2 监护检查

10.2.3 在监护检查报表中填写所检查道路桥梁和隧道病害的

损坏类型、损坏位置、损坏程度等,并对病害进行拍照或录像记录。

10.2.6 特殊情况包括汛期、雨季、冰冻、地震、台风等自然因素和设施遭受车辆撞击、船只撞击、火灾、超限车辆通过等出现结构损伤的情况。

11 结构监测

11.1 一般规定

11.1.4 应依据结构受限制性施工作业的影响特征、结构安全保护要求及限制性施工作业实施前所开展的安全评估成果,编制监测方案。限制性施工作业方案重大调整时,监测方案应相应调整。监测方案由限制性施工作业建设单位审核通过并经道路桥梁和隧道主管部门同意后方可实施。

监测方案的编制,应符合下列规定:

1 充分收集相关资料,应包括道路桥梁和隧道结构现状(结构形式及平面位置、埋深等,结构已有变形和病害状况)、环境条件(地质、水文条件等)、限制性施工作业相关资料(与道路桥梁和隧道结构的相互位置关系、施工组织设计等),以及作业风险预评估情况等。

2 监测方案应响应管理部门的要求,内容完整、针对性强,方案中应明确项目概况(道路桥梁和隧道结构概况、限制性施工作业概况)、监测项目及范围、监测精度、基准点测设、监测点布设和观测方法、仪器设备、观测频率、报警指标、数据处理及成果提交等内容。

限制性施工作业施工前,应落实对作业项目与邻近道路桥梁和隧道结构的相对位置关系进行边线复核,对道路桥梁和隧道的现有外观病害进行检查、记录,完成既有道路桥梁和隧道的首次结构确认。

11.2 监测项目

11.2.2 监测点和监测断面的布置,应根据限制性施工作业影响等级以及道路桥梁和隧道结构的响应特征综合确定,监测断面应布置在预测变形和受力较大的位置即最不利位置,且监测断面数量应足够反映监测对象在整个结构的总体变化规律;各测项监测点宜共断面布置,形成结构断面的全面变形信息;不同结构间分界处两侧、结构存在缺陷、使用状况恶化区段,以及地质条件复杂区段,宜结合现场特点加密布设监测点;优先利用已有监测点位。

12 结构安全保护数字化

12.2 平台功能模块

12.2.2 外部限制性施工作业信息管理模块宜包含下列功能：

1 作业单位信息管理：包括建设单位、设计单位施工单位、监理单位、监护单位、监测单位等参建单位的基本情况、信用评价等信息。

2 作业项目信息管理：包括建设项目类型、政府规划及施工许可取得情况、与道路桥梁和隧道相关位置关系、工程规模、设计方案、施工方案、安全评估报告、道路桥梁和隧道专项保护方案以及备案信息等。

3 监护监测范围内道路桥梁和隧道信息管理：包括结构形式、平面和高程位置、地、质水文情况、当前主要病害等。

12.2.3 安全监护监测管理模块宜包含下列功能：

1 监护监测工程管理：包括工程影响等级、监护监测方案、主要技术人员、监测点管理等。

2 监护监测数据管理：包括施工工况、监护监测数据人工上传或自动化采集等。

3 数据处理分析：包括自动化或人工监护监测数据处理、成果上传、数据同步、监测报表创建和审核发布等功能。

4 监测安全评估：包括预警信息报送、安全评估、变形预测、风险报告等功能。

5 监测成果管理和可视化：包括工程 GIS 地理信息、报表查看、监测点分布图、监测数据对比分析等功能。

12.2.4 监护监测结果统计分析模块宜包含下列功能：

1 监测结果统计:包括统计限制性施工作业工况、观测项目的阶段变化量、累计变化量、变化速率,查询监测点布置图、断面变形曲线图及典型监测点的历时曲线图等功能。

2 监测结果分析:包括限制性施工作业任意施工阶段、道路桥梁和隧道任意监测断面、任意监测项目变形分析等。

3 同类限制性施工作业影响预测:根据大数据统计分析结果,预测其他同类型限制性施工作业对道路桥梁和隧道变形的影响。

监护监测结果统计分析模块宜构建道路桥梁和隧道安全保护案例数据库,基于案例数据库,运用大数据分析技术,深入分析监护监测结果,总结限制性施工作业影响与道路桥梁和隧道变形量之间的相关关系。基于总结的限制性施工作业影响与道路桥梁和隧道变形量之间的相关关系预测待批限制性施工作业对保护区内道路桥梁和隧道变形影响情况,判断限制性施工作业影响下道路桥梁和隧道安全风险,为道路桥梁和隧道管理单位提供审批参考。

12.3 安全数字化管控

12.3.3 限制性施工作业项目实施完毕后,建设单位应及时上传后评估报告及应急处置信息,道路桥梁和隧道管理单位可根据限制性施工作业对道路桥梁和隧道结构的影响情况对各参建单位进行信用评价。